すぐ実践できる！
アクティブ・ラーニング
中学 国語

シリーズ編集 **西川 純**
著者 菊池真樹子・原 徳兆

学陽書房

まえがき

● 大変革が始まった

　アクティブ・ラーニングという言葉がこの1年で急激に広がりました。その広がり方は「言語活動の充実」の時とはまったく違います。たとえば、言語活動の充実の時は、「ま、話し合い活動を増やせばいいのね。じゃあ、大丈夫」という雰囲気がありました。

　しかし、今回は違います。新学習指導要領の答申の出る数年も前からアクティブ・ラーニングは大きな話題になり始めました。

　一方で、地方の教育委員会の中には、「アクティブ・ラーニングは今までの実践の延長上にあります（つまり、少しやればいい）」と言ったり、はては「アクティブ・ラーニングは既に我々のやっている実践です（つまり、何もしなくてもいい）」と言ったりしています。「言語活動の充実」が学習指導要領に謳われた時には「言語活動の充実は今までの実践の延長上にあります」と言ったり、はては「言語活動の充実は既に我々のやっている実践です」と言ったりはしなかったと思います。「言語活動を充実しましょう」と指導していたはずです。なぜ、今回は違うのでしょうか？

　怖いのです。今回のアクティブ・ラーニングはその程度では済まないことを地方の教育委員会も感じているからです。

　日本の学校教育は今までに二度、大きな変革がありました。
　第一は、近代学校教育制度が成立した明治の初めです。第二は、終戦直後、戦後教育の誕生です。そして今回は、その二つに匹敵するほどの

大きな改革になります。今までの「総合的な学習の時間」の導入、「言語活動の充実」、また、「道徳の教科化」とはレベルの違う改革です。

　それは近代学校教育制度が成立した根幹を根本的に変える大改革なのです。

● あなたがキーパーソン

　本書を手に取っている方は、そのようなことを感じられるアンテナを持っている方だと思います。そして、アクティブ・ラーニングの本や雑誌を読み、対応すべきであることを理解している方です。

　しかし、アクティブ・ラーニングに対応できそうな単元は思いつくが、逆に、アクティブ・ラーニングでどのように指導したらよいかイメージができない単元もあると思います。1年間の指導をバランスよくトータルにアクティブ・ラーニングで指導するには、さまざまな単元、場面での指導の実際を知る必要があります。

　本書はそうしたあなたのための本です。

　本書ではアクティブ・ラーニングで国語の教科指導をしている中学校の先生方の実践のノウハウを紹介しております。ぜひ、参考にしてください。使えるならば、そのまま使ってください。どうぞ。

　しかし、アクティブ・ラーニングは実は自由度の高いものです。本書を通してさまざまな実践を知ることによって、「あなた」独自のものを生み出してください。本書はそのきっかけになると思います。

　さあ、始めましょう！

上越教育大学教職大学院教授

西川　純

一斉授業と
アクティブ・ラーニングの違いって？

▶ 一斉授業の場合

- 教師が一方的に講義をし、生徒は静かに座っているのが望ましい。
- 教師のペースで授業が進む。生徒は黙っている。
- わからない生徒がいても授業は進む。

▶ アクティブ・ラーニングの場合

- 教師は課題を与え、生徒は生徒同士で教え合い、学び合う。
- 生徒は能動的に動き、他の子に教えたり、質問したりする。
- わからない生徒は、わかるまでクラスメートに聞くことができる！

アクティブ・ラーニングの授業を見てみよう！

1 授業開始

中学の教室。
授業開始です。
まず、教師が手短にこの授業時間での課題と目標を5分以内で伝えます。この時、必ず「全員達成」を求めます。課題は黒板に板書したり、プリントを渡したりして、生徒が明確にわかるようにします。

2 「さあ、どうぞ！」で動き始める

「さあ、どうぞ！」という教師の声で生徒たちが動き始めます。生徒が課題に取り組む活動時間を最大限確保することが大事です。活動時間が長いほど学習効果は倍増します。

3 グループが生まれる

生徒はまず思い思いのグループをつくり、最初は自分ひとりで課題を解き始めます。

だんだん、「わからないから教えて」「ここってどういう意味?」など生徒同士で学び合ったり、教え合ったりし始めます。

❹ どんどん関わりが増えていく

- どんどん関わり合いが増えていきます。

- 生徒の誰ができていて、誰ができていないかを生徒同士でわかって助け合えるように、ネームプレートを使うなどして可視化します（できた人はネームプレートを指定の場所に移すなどする）。

- どんどん生徒の動きがダイナミックになり、さまざまに生徒が動いて、いろいろな生徒同士の関わりが生まれていきます。耳を傾けると、しっかり課題の話をし合っています。

5 全員が達成したか振り返る

- 最後に、全員が課題を達成できたかどうかを5分以内で振り返ります。
- 「次は達成するために、どう動いて助け合ったらいいのか考えよう!」
- と教師は生徒自身に次への戦略を考えさせる投げかけをします。

こうしたアクティブ・ラーニングの授業を繰り返すうちに、生徒はどんどん全員達成のための戦略を考えるようになり、わからない友だちに教えるために予習してくる生徒まで出てきます。

そして、全員の成績がぐんぐん上がり、他者と関わり合いながら課題発見したり、課題解決する力がみるみる伸びていきます。

アクティブ・ラーニングの授業は実はカンタンに取り組めます! ぜひ本書を読んで、トライしてみてください!

すぐ実践できる！　アクティブ・ラーニング　中学国語
CONTENTS

まえがき　2
一斉授業とアクティブ・ラーニングの違いって？　4
アクティブ・ラーニングの授業を見てみよう！　5

CHAPTER 1　アクティブ・ラーニングの授業ってどんなもの？

1　アクティブ・ラーニングはいまなぜ必要か？　14
2　入試のためにもアクティブ・ラーニングは必要になる！　16
3　即戦力を育てる授業とはどんな授業であるべきか？　18
4　アクティブ・ラーニングの授業イメージ　20
5　実際のアクティブ・ラーニングの動きを見てみよう（前半）　22
6　実際のアクティブ・ラーニングの動きを見てみよう（後半）　24
7　アクティブ・ラーニングへの生徒の感想　26
8　アクティブ・ラーニングで生徒が変わった！　30

COLUMN　実践事例
「アクティブ・ラーニング」の風景　32
　COLUMN　『学び合い』によるアクティブ・ラーニングの「学校観」と「子ども観」　34

CHAPTER 2 やってみよう！ アクティブ・ラーニング 授業編

1 最初に押さえておきたい3つのこと　36
2 授業の中で大事にしたいポイント　38
3 やってみよう！　アクティブ・ラーニングの授業開き　40
4 アクティブ・ラーニングの意義を生徒に伝える
　語りの具体例　42
5 最初に評価方法も伝える　44
6 グループを任せる　立ち歩きを奨励する　46
7 助け合うための可視化と制限時間について　48
8 全体を可視化する声かけの具体例　50
9 生徒がアクティブになれる環境をつくろう　52
10 授業の最後の振り返り　54

COLUMN 実践事例
他教科の先生と情報交換できるのが楽しい　56
　COLUMN アクティブ・ラーニングはなんでもアリではない　58

CHAPTER 3 やってみよう！ アクティブ・ラーニング 課題づくり編

1 単元目標を決めよう　60
2 評価基準と評価方法を決めよう　62
3 毎回の課題を作ろう　64
4 課題の作り方のバリエーション　66
5 課題の作り方①　書く　チェックしてほしい項目を毎回変える　68

6	課題の作り方②	読む	答えの幅を伝える	70
7	課題の作り方のバリエーション		漢字・語句・文法	72
8	指導案と授業の実例①	話す・聞く	友達を紹介する	74
9	指導案と授業の実例②	話す・聞く	わかりやすく説明する	76
10	指導案と授業の実例③	話す・聞く	スピーチのネタを探そう	78
11	指導案と授業の実例④	話す・聞く	記者会見型スピーチ	80
12	指導案と授業の実例⑤	読む	「読むこと」の応用としての作文	82
13	指導案と授業の実例⑥	読む	読み取りが分かれることで議論が活発に	84
14	指導案と授業の実例⑦	読む	図を用いて文章を理解する	86
15	指導案と授業の実例⑧	読む	表現技法を覚えよう	88
16	指導案と授業の実例⑨	読む	根拠と理由を明らかにする	90
17	指導案と授業の実例⑩	読む	比較して読む	92
18	指導案と授業の実例⑪	書く	竹取物語新聞をつくる	94
19	指導案と授業の実例⑫	書く	みんなで添削、条件作文	96
20	指導案と授業の実例⑬	文法	お互いに問題を出し合って覚えよう	98
21	指導案と授業の実例⑭	文法	「動詞の活用」を攻略する	100
22	指導案と授業の実例⑮	文法	問題を解いてパターンを理解しよう	102
23	指導案と授業の実例⑯	書写	行書の基本を身につける	104
24	単元をまるごと任せる方法もある			106

COLUMN 実践事例
単元の見通しを生徒に伝えよう　108

COLUMN これからの教師の職能とは何か？　110

CHAPTER 4 困ったときには？ アクティブ・ラーニングQ&A

- **Q1** 授業や単元の目標をどう考える？ 112
- **Q2** この教科でとくにできない子がいる。どうしたらいいの？ 114
- **Q3** 国語特有の気をつけた方がよいことは？ 116
- **Q4** 評価はどう考えたらいいのか？ 118
- **Q5** 生徒の説明が間違っていると気づいたときはどうしたらいい？ 120
- **Q6** その教科が苦手な生徒には、みんなと違う課題にしていいの？ 122

COLUMN 実践事例

わからないときは「わからない」と言う勇気　124
我慢できなくて、割って入って説明してしまった　126

COLUMN 評価はどうすればいいのか　128

読書ガイド　129

CHAPTER

①

アクティブ・ラーニングの授業ってどんなもの？

STEP 1 アクティブ・ラーニングはいまなぜ必要か？

＼ 学習指導要領はどうでもいい ／

「え？！」と思うような言葉から書き始めます。

次期学習指導要領の「キーワード」であるためアクティブ・ラーニングという言葉に関心が集まっていますが、私は学習指導要領がどう決まっても、決まらなくても重要ではないと考えています。

なぜなら、アクティブ・ラーニングをやらなければならないと考えている主体は学校や文部科学省ではなく、日本政府、とくに経済・産業界なのです。

詳しくは巻末に紹介している関係書籍をお読みいただきたいと思います。簡単に言えば、少子高齢化によって日本国内の市場が急激に縮小し、経済・産業界が人材育成をする余裕がなくなって即戦力を求めるようになったから、教育は変わらざるを得ないのです。

企業は即戦力となる人を採用し、それ以外の人を採用しなくなっています。具体的には、即戦力となる人を養成できない高校や大学の卒業生は正規採用されません。

そのため高校も大学も、今後は即戦力の人材になれる生徒しか入学させません。学習指導要領で何が決まっても、何が決まらなくても、就職できるか否かという企業の求める即戦力の基準は影響されません。そして、これからは偏差値ではなく、就職できるか否かという基準で、高校も大学も受験者を選ぶようになります。

入試が激変するのです。

そのことは、学習指導要領の規定より保護者・子どもには重大なことであり、教師もそのニーズに対応せざるを得ないからです。

大人としてコミュニケーションできること

企業の求める即戦力とは何でしょうか？　もちろん、個々の知識・技能も含まれます。しかし、それ以上に「大人として自分の責任を認識し、人と協働でき、問題を解決できる人材」であることを求めています。

小学校の先生にお伺いします。小学生は「大人」だと思いますか？　違うとしたら、では、大人に育てるのはいつですか？　それは中学校、高校の仕事と考えているのではないでしょうか？

中学校の先生にお伺いします。中学生は「大人」だと思いますか？　違うとしたら、では、大人に育てるのはいつですか？　それは高校、大学の仕事と考えているのではないでしょうか？

高校・大学の先生にお伺いします。生徒・学生は「大人」だと思いますか？　違うとしたら、では、大人に育てるのはいつですか？　大人に育てるのは社会の仕事、具体的には職場の仕事と考えているのではないでしょうか？

そして、企業は学校教育にあまり期待せず、人材養成は自分たちでやるものだと考えていました。

今までは。

しかし、先に述べたように企業は「それは営利企業の我々の仕事ではなく、学校の仕事だ」と主張し始めたのです。それがアクティブ・ラーニングが導入される真の理由なのです。

（西川純）

STEP 2 入試のためにもアクティブ・ラーニングは必要になる！

＼ 入試と連動しているから避けられない ／

　文部科学省は今回のアクティブ・ラーニングの導入について、大学入試を変えることによって徹底するという、今までやったことのないことをやろうとしています。『**新しい時代にふさわしい高大接続の実現に向けた高等学校教育、大学教育、大学入学者選抜の一体的改革について（答申）**』では以下のように書かれています。

> 　18歳頃における一度限りの一斉受験という特殊な行事が、長い人生航路における最大の分岐点であり目標であるとする、我が国の社会全体に深く根を張った従来型の「大学入試」や、その背景にある、画一的な一斉試験で正答に関する知識の再生を1点刻みに問い、その結果の点数のみに依拠した選抜を行うことが公平であるとする、「公平性」の観念という桎梏（しっこく）は断ち切らなければならない。（中略）「1点刻み」の客観性にとらわれた評価から脱し、各大学の個別選抜における多様な評価方法の導入を促進する観点から、大学及び大学入試希望者に対して、段階別表示による成績提供を行う。

＼「1点刻み」を明確に否定し、「人が人を選ぶ」個別選抜へ ／

　答申によれば、センター試験の廃止後、「大学入学希望者学力評価テ

スト（仮称）」が導入されます。正解のない質問に論理立てて答えるという、詰め込み型教育だけでは答えられないテストにしていく方針が打ち出されています。

　さらに、テストの点数の扱い方が違います。いままでのセンター試験では「1点刻み」の結果が受験校に行きます。1点刻みであれば、同一点数の受験者は多くはなく、ある点数以上を全員合格にできます。

　しかし、段階別表示となれば、仮に10点刻みにすれば、その段階の受験者は単純計算で10倍、合否ラインの段階ではさらに膨大になるはずです。とすれば、合否ラインの段階の受験者を全員合格させれば定員大幅超過、逆に全部不合格にすれば大幅定員割れとなり、結果として新テストは足切りには使えますが、それだけで合否を決められません。

　そこで答申では、各大学で独自の入試ポリシーを決めて、それと対応する試験をすることを求めています。その方法は**「小論文、面接、集団討論、プレゼンテーション、調査書、活動報告書、大学入学希望理由書や学修計画書、資格・検定試験などの成績、各種大会等での活動や顕彰の記録、その他受検者のこれまでの努力を証明する資料などを活用する」**と書かれています。つまり、これが合否を定めるのです。

　さらに答申では「『人が人を選ぶ』個別選抜」の確立を謳っています。これからの入試は1点刻みでの選抜ではなく、一定の成績の膨大な人数から、より「思考力・判断力・表現力」をアクティブ・ラーニングで鍛えてきた人が選ばれるようになるのです。

　もちろん、大学入試が変われば、同じように高校入試も激変します。

（西川純）

STEP 3 ▶ 即戦力を育てる授業とはどんな授業であるべきか？

＼ 大人になるための学びとは？ ／

　今まで子どもを大人にしていたのは学校ではなく、社会であり、具体的には企業でした。

　教師であれば採用されて1週間もたてば学校で学んだことは使えないことに気づきます。なぜなら、教材であっても、指導法であってもそれが有効であるか否かは、相手によって変わるからです。つまり、実際に教壇に立ち、子どもを目の前にして、その子たちに合った教材や指導法を考えなければなりません。

　しかし、大学の教職課程では、そんなことは教えてくれません。教師として採用され、現場に配属されて、初めて教師になるための学びが始まったと思います。

　だから、子どもを大人にする教育はどんなものであるかを理解するには、教師の方ならば、採用されてからの自分を思い出せばよいのです。

　新規採用になったとたんに膨大な業務が与えられます。そのやり方を事細かく教える、小中高の教師のような役割の人は職場にはいません。クラスで起こるさまざまな問題には主体的に取り組まなければなりません。

　若い教師には取り組むための知識・技能はありません。しかし、その学校の子どもたちの実態を知り、どのような教材や指導法が適切かを知っている先輩教師がいます。その先輩から多くのものを得られるか否かは、どれだけ新人自身が先輩達に協働的であるかがポイントになりま

す。

　では、管理職である校長は何をしているのでしょうか？　若い教師の指導案の書き方の相談に乗るのは校長の仕事ではありません。校長は職員集団を同じ目標に向かうチームにするのが仕事です。そのために、明確な目標を与え、それを納得させ、評価しフィードバックする。それが仕事です。

　アクティブ・ラーニングでは、こうした、大人が担うべき役割を普段の授業の中で生徒自身がやるのです。

＼ アクティブ・ラーニングは部活のイメージ ／

　実は、現在の学校教育でもアクティブ・ラーニングを行っています。それは部活です。

　部活を現在の教科指導のように教師が手取り足取り教えなければならないとしたらどうなるでしょうか？　とても成立しないと思います。だから、部活の顧問は細かいところに介入せずに、顧問がいなくても部員が自分たちの頭で考え、自分たちを高められる集団につくり上げようとします。

　部活指導経験のある方だったら、その時に大事なのは何かご存知でしょう。顧問の一番重要な役割は、部員集団を同じ目標に向かうチームにすることです。そのために、明確な目標を与え、それを納得させ、評価し、フィードバックを与える。それが顧問の仕事です。

　つまり、部活数学、部活古典、部活地歴、部活理科…それがアクティブ・ラーニングの授業のイメージなのです。

　　　　　　　　　　　　　　　　　　　　　　　　　　　（西川純）

STEP 4 アクティブ・ラーニングの授業イメージ

＼ アクティブ・ラーニングの授業はこんな授業です ／

　アクティブ・ラーニングの授業はさまざまなものがあります。本書ではその一つの形として、『学び合い』の理論によるアクティブ・ラーニングをご紹介しましょう（『学び合い』についてはP.34参照）。

① **教師から課題を与え、「全員達成が目標」と伝える（5分以内）**

　生徒が能動的に動く時間を最大限確保するため、教師の最初の説明はできるだけ5分以内とします。生徒全員を能動的にするため、全員が助け合い、全員が課題を達成することを目標にします。そのため「わからないから教えて」と自分から助けを求めることを奨励します。

② **「さあ、どうぞ」と動くことを促し、生徒が動く（約40分）**

　「どんどん動いて課題を達成してね。さあ、どうぞ」と動くことを促します。最初は自分で課題を解いたり周囲の様子をうかがったりして、あまり動きはありません。しかし、そのうち生徒同士で聞き合おうとどんどん動き始めます。生徒が動く時間を最大限確保することが、アクティブ・ラーニングの成果をアップするカギになります。

③ **成果を振り返る（5分以内）**

　最後に全員が達成できたかを振り返らせます。学習内容のまとめはしません。全員が達成できなければ、どうしたら次回できるかを考えるように教師は伝えて授業を終わります。企業の社長が社員の細かい仕事をいちいち確認するより、チームの業績をチェックして、チームに解決方法を考えさせるほうが業績が上がるのと同じです。

アクティブ・ラーニングの授業イメージ

1 教師が課題を伝える（5分以内）

・「全員が課題を達成するのが目標」と伝える。
・「わからないから教えて」と自分から動くことを奨励。

2 「さあ、どうぞ」と促し、生徒が動く（約40分）

・生徒は最初はまず自分が課題を解くため動かない。
・徐々にほかの子に教える生徒や、教わるために移動する生徒が出て、動き始め、グループが生まれていく（教師はグループを強制的につくったりしない）。
・やがて、グループ同士の交流が始まり、多くの生徒が課題を達成する。まだできない生徒をサポートするメンバーがどんどん増える。

3 成果を振り返る（5分以内）

・「全員が達成」できたかどうかを振り返る。学習内容のまとめはしない。あくまでも、「全員が課題を達成する」という目標に対してどうだったかを振り返らせる。

（西川純）

STEP 5 実際のアクティブ・ラーニングの動きを見てみよう（前半）

＼ アクティブ・ラーニングを始めましょう ／

　アクティブ・ラーニングの進め方は、実践する先生により様々です。ここでは『学び合い』によるアクティブ・ラーニングの一般的な様子を紹介していくことにします。

＼ 課題を提示します ／

　その時間の学習課題を提示します。たとえば、こんなふうに……。
　「今日の学習課題は、二つの文章を読み比べて、それぞれの特徴についての説明をすることです。ノートに説明をまとめたら、いろいろな人に説明して下さい。説明を受けた人は、納得できた場合のみ、その人のノートにサインをして下さい。5人からサインをもらえたら課題達成です。全員が課題を達成できるように、みんなでしっかり取り組みましょう」
　上記のようなやり方だけの説明なら、プリントに記載しておけば「今日の課題はこのプリントに明記してあります。よく読んで取り組んで下さい」で済ませることもできます。そうすることで、今日の学習の価値や意味について語ることもできるようになります。
　教員は往々にして話し好きなので、どうしても欲張ってしまいがちです。だからこそ最初の語りは精選しなければなりません。最初の語りを長くすれば、それだけ生徒の活動時間は削られてしまいます。自分で時

間制限を作って、そこに語りを収めていく配慮が大切です。

課題について理解できたかは生徒同士で確認し合ってもらう

　課題の説明をしたら、「質問はありますか？」と言いたいところですが、そこはあえて我慢します。そのかわり「何かわからないことがあったら、お互いに確認し合って下さいね」と言います。

　実は「課題を理解する」ところからアクティブ・ラーニングは始まります。考えてみて下さい。教員の一回の説明で、生徒全員が同じレベルで課題を理解できるでしょうか。この差を埋めていくことができるのも、アクティブ・ラーニングの利点なのです。

「では、スタート！」

　そして、いよいよ生徒たちの時間が始まります。言葉は何でもいいのですが、私の場合、「はい、スタート」と言って手を叩きます。

　ここからは、もう生徒たちの時間です。課題の達成に向けてどのように動くかは、すべて生徒たちに任されています。親しい仲間で集まって取り組むグループもあれば、一人で黙々と取り組む生徒もいます。いや、ひょっとしたら全員がじっとして何も起こらないかもしれません。

　でも、そこで行動を煽ることはしません。教員は、ニコニコしながら全体の様子を見ているだけです。そうしながら、生徒たちの頑張っている姿を見取り、「いいね」と褒めていきます。

（原徳兆）

STEP 6 実際のアクティブ・ラーニングの動きを見てみよう（後半）

「一緒に考えよう」

　10分くらいすると、得意な生徒は課題をクリアします。しかし、ここで学びは終わりません。自分の課題が終わった生徒は、今度は「一緒に考えよう」と言って、つまずいている生徒をサポートしていきます。教員は、こういう動きをすかさず見取り、また褒めていきます。

「教えて」

　一方、不得意な生徒はどうでしょう。はじめのうちは自分たちで取り組みますが、なかなか進まないこともあります。やがて、他のグループの人に「教えて」と聞きに行きます。そこで納得がいかない場合は、別のところに行って「教えて」と聞きに行きます。
　この「教えて」という動きがアクティブ・ラーニングには大切です。この言葉が出てきたら、「一緒に考えよう」以上に褒めてあげます。
　このような「教えて」と「一緒に考えよう」という生徒たちの自発的な動きから、どんどんグループが変わり、様々な交流が生まれていきます。

半分以上の生徒がノートをまとめ終える

　どのくらいの生徒が課題をクリアしたかは、黒板にネームプレートを

貼ることによって可視化していきます。これによって、「誰に聞いたらよいか」「誰をサポートすればよいか」がわかります。生徒たちは、これを見ながら全員クリアに向けて、さらに動いていきます。

ネームプレートがどんどん増えてくる

　こうして多くの生徒が、課題をクリアしていきます。クリアしてしまった生徒は、まだクリアしない生徒のために、自分で考えられる方法でサポートをします。ただ、大人数で押しかけても効果的ではないので、直接関わる生徒は数人になります。直接関わらない生徒は、次の学習の予習などをします。

制限時間になる

　制限時間になったら、全員がクリアしていなくても活動をストップします。時間をきちんと意識している集団だと、教員が声をかけなくても、時間になれば自分たちで活動をやめます。

授業を振り返る

　授業のまとめとして、この時間の活動状況について振り返ります。全員がクリアした場合は、達成できた要因を明確にしていきます。また、全員がクリアできなかった場合は、どうすれば達成できるかを考え、次回からの学習の進め方における修正点を明らかにします。

（原德兆）

STEP 7 アクティブ・ラーニングへの生徒の感想

　数学で、実際にこのアクティブ・ラーニングの授業を行って、生徒たちがどんな感想を持ったか、中学校で取ったアンケートの結果を紹介しましょう。

　アクティブ・ラーニングだと、普通の授業よりも理解が高まります。普通の授業では、そのときわからなかったことをそのまま放置してしまうことが多くありますが、アクティブ・ラーニングだと、友達にすぐ聞けるので、その場で解決することができます。そして課題もスムーズに進めることができます。わからないところが少なくなるので、勉強もより楽しくなります。（中1女子）

　アクティブ・ラーニングのよいところは、やはりみんなで協力できるところだと思います。一人ではできない問題も、みんなで協力すればできるようになります。また、いろいろな人の意見を聞くことで、その人のこともより理解できるようになるのもいいと思います。（中1女子）

　初めてアクティブ・ラーニングの方法を聞いたとき、私は驚きました。授業は静かに受けるものだと思っていた私にとって、みんなで交流しながら勉強をするというのは、とても新鮮でした。友だちと交流すると、なぜか勉強が進みます。友だちからは違う意見がたくさん聞けてとても参考になります。他の教科も、アクティブ・ラーニングで勉強できたらいいなと思います。

（中1女子）

　小学校までは一斉授業が多かったのですが、中学校に入ってアクティブ・ラーニングをするようになり、この授業のやり方は、とてもおもしろいと思いました。友だちと一緒にやっていると、確かに関係のない話をしてしまうこともあります。しかし、勉強について自分では考えもしなかったことがわかったり、お互いにわからないことを教え合い、学び合うことができるので、アクティブ・ラーニングという方法はとてもいいと思います。（中1男子）

　僕は、アクティブ・ラーニングは一斉授業よりもわかりやすく、楽しいと思います。理由は、一斉授業だとわからない人がいてもどんどん先に進んでしまいますが、アクティブ・ラーニングでは、わからないことがあったら友だちに何度でも聞くことができるからです。静かに座っているよりも、たくさんの友だちと話しながら行うほうが勉強になります。僕は、このアクティブ・ラーニングが日本を大きく変えてくれると思っています。（中1男子）

　私は国語が大好きです。中学校に入って、国語がアクティブ・ラーニングになりました。自分で考えるだけではなく、友だちの意見を聞けることがいいです。考えが広がっていく気がして、勉強することが楽しくなりました。（中1女子）

　私は、初めて国語の授業を受けたとき「こんなにフリーで大丈夫なのかな？」思いました。しかし、他の授業とは異なり、自分の意志で動いて友だちと意見交換ができることは一番よかったです。私は、授業中に眠くなることがあるのですが、アクティブ・ラーニングだと眠くなることもなく、ちゃんと考えることができ、楽しく活動することができました。今までも好きだった国語が、アクティブ・ラーニングを通してもっと好きになりました。（中1女子）

僕は、これまで授業でわからないことがあってもそのままにしていました。でも、アクティブ・ラーニングでみんなと意見交換をしていくと、わからないことも少なくなりました。友だちとは、持ちつ持たれつの関係です。時間割を見て国語があると「やった！」と思うくらい、国語が好きになりました。（中１男子）

　僕は、中学校に入って初めてアクティブ・ラーニングの授業を受けました。小学校ではすごく苦手だった国語ですが、みんなと話し合いながら授業をしていたら、だんだん勉強の仕方がわかり、自分でもいろいろな意見を出すことができるようになりました。アクティブ・ラーニングは、参加する人のやり方にもよると思いますが、効果は出ると思います。こういう新しい授業は、自分にとってプラスになることが多いです。（中１男子）

　国語で学習することは、必ずしも答えが一つではありません。ですから、これまでの国語の授業では、自分の考えがなかなかまとまらず、時間だけが過ぎていくことがありました。アクティブ・ラーニングで学ぶときは、全員の課題達成に向けて友だちと交流するので、考えにつまることが少なくなり、楽しみながら授業を受けています。（中３女子）

　アクティブ・ラーニングでは、わからないことがあれば、友だちにすぐ聞くことができます。たまに、授業とは関係のない話をしてしまいますが、すぐに本題に戻るという「切り替えの力」も身につけることができました。この授業を２年間行いましたが、友だちに教えることによって自分自身が気づくこともたくさんありました。（中３男子）

　授業中は楽しく話をしているだけのような感じなのに、学習としてしっかりと身についています。全員が課題を達成できたときは、とてもうれしいです。（中３女子）

アクティブ・ラーニングの場合、お互いに教え合えるため、先生に縛られているという感じがなく、授業に取り組むことができました。生徒主体での学びなので、学習したことが記憶にも残りやすいです。また、学力以外の力も少しずつ上がったように感じました。（中3男子）

　アクティブ・ラーニングだと、わからないことをわかるまで学ぶことができます。また、クラスの中で互いに教え合うので、今までよりクラスの絆が深まったように思います。（中3女子）

　最初は今までの授業と違うことからの抵抗や違和感がありました。しかし、続けていくと仲間とともに教え合うことで、自分の考えや創造力が広がっていくように感じました。（中3男子）

　アクティブ・ラーニングには、長所と短所が存在すると思います。長所は、生徒同士が教え合うことで自律した学びができることです。一方、短所は先生が教えないと集中しなかったり、わからないままでいる生徒が出てくる可能性があることです。しかし、その短所は仲間とのチームワークで乗り切ることができると思いました。これからも、授業に積極的に取り入れてほしいと思います。（中3男子）

　アクティブ・ラーニングは、私たち生徒にとって、勉強に対する気持ちが変わる場だと思います。自分の意見を言い、相手の意見も聞きながら答えを導いていくことは、勉強が楽しくなっていく道筋なのだと思います。（中3女子）

　生徒全員が勉強をするために行っていることを理解していれば、とてもよい方法だと思います。一斉授業が授業だと思っていると、友だちと話しているだけになってしまいます。私たちは、アクティブ・ラーニングの意味をきちんと理解しなければならないと思います。（中3女子）

STEP 8 アクティブ・ラーニングで生徒が変わった！

　国語で、実際にこのアクティブ・ラーニングの授業を行った先生たちがどんな感想をもったか、その感想の一部もここに紹介しましょう。

　前任の小学校勤務時代に『学び合い』によるアクティブ・ラーニングに出会い、昨年度から勤務している中学校でも、国語科でアクティブ・ラーニングの実践を継続しています。
　生徒指導上の問題を抱え、他教科では１時間机に突っ伏したままでいたり、落ち着かずに授業の妨げになるような行動をしたりするような生徒も、国語の授業を楽しみにしていると話してくれたり、積極的に課題解決に向かって行動する姿を見せてくれたりするにつけ、アクティブ・ラーニングのよさを実感する毎日です。
　昨年度も、学期が進むにつれてアクティブ・ラーニングの学習形態が定着し、テストの平均点や最低点数に改善が見られました。今年度は、学年はじめの単元テストでは、最低点が20点台だった学級も、１学期末に行った「文の成分・連文節」の単元テストで、最低点数が50点を超えるなど、順調に成績が向上してきています。（40代・男性教諭）

　アクティブ・ラーニングによって大きく変わったことは、生徒たち自らが学びに向かうようになったことです。
　これまで日常的に行ってきた「ちゃんと話を聞きなさい」「教科書をしっかり読みなさい」などの指示が、本当に減りました。そして、生徒たちの表情

が明るくいきいきとしてきます。

　これだけでも、授業が心地よいものになるのですが、それが学習成果にも表れます。一年生の文法は、完全に生徒たちに任せる形で学習を進めたのですが、その後に行った全国標準学力テストでは、文法の部分について好成績を収めることができました。

　教え込まずとも、生徒たちはしっかりと学びます。それを強烈に印象づけられました。（30代・男性教諭）

　授業中、わからない生徒が「わからん！教えて〜」と言います。するとわかる生徒がその生徒のところに自ら行き、教え始めます。わかる生徒も、自分だけで教えきれない場合、別な生徒に声をかけます。男女も関係ありません。アクティブ・ラーニングをしていない他の学年の先生も「何でこんなに男女の仲がいいの？」と驚いています。

　「こんな授業を他の先生にもしてほしい」という生徒がいました。理由を聞くと「人のために何かができるから」と。目頭が熱くなった瞬間でした。

　クラスの問題も見えやすくなりましたが、「みんなで解決したい。いいクラスにしたい」という声も多くなりました。教科学習だけでなく、生徒指導にもプラスに働いています。（30代・男性教諭）

　アクティブ・ラーニングの授業では、自力で文章を読む力が養われると感じています。教師は「教えない」ので、生徒は課題を達成するために必然的に文章を何度も何度も読むことになります。それを重ねるうちに、自分なりの読解方法が身に付いてきます。

　ある説明文をアクティブ・ラーニングで学習した後のアンケートでは「この読み方は物語文でも活用できると思う」「テスト勉強をどんなふうにやればいいのかわかるようになった」「作文を自力で書けるような気がする」といった回答が見られました。説明文の学習であっても、指導側が意図しなかった分野にまで影響するということがアンケートからわかりました。（40代／女性教諭）

「アクティブ・ラーニング」の風景

生徒たちのつくる授業の姿に嘘はない

　アクティブ・ラーニングでは、生徒たちに学びの主導権を明け渡します。教員が主導権を握っていると、生徒たちは、それに合わせようとします（ひょっとしたら、教員も合わせることを強いているのかもしれません…）。そうなると、生徒たちの学びは「学んでいるふり」になってしまうと思います。

　その点で言えば、アクティブ・ラーニングでの生徒たちの学びの姿には嘘がないのです。生徒たちのよさも、抱えている課題も、ストレートに反映されていきます。だからこそ、次の一歩に向けて何が必要なのかが見えてきます。もちろん、この場合の主体は「生徒たち」です。

　私がアクティブ・ラーニングの実践を続ける理由は、生徒たち全員が「学びたい」「成長したい」「幸せになりたい」という気持ちを持っていると信じるからです。乱暴な言い方ですが、放っておいたって生徒たちは勉強します。教員は、それを少し「授業っぽく」コーディネートするだけなのです。

私の学級の話を紹介しましょう

　私の学級のある日の授業の様子を紹介しましょう。その日の国語は、書き初めの練習でした。「無限の可能性」という字を行書で書きます。課題は「4時間の練習で、清書を2枚仕上げる」です。

　教室に行くと、それぞれが準備をしています。そんな中で、お調子者の生徒が、教壇に立って「みんな練習するよ〜、筆の持ち方はこう！」なんて、気の利いた（!?）指導をしてくれます。

そんな感じで、何となくみんなが練習に入っていきます。私は、教室をふらふらしながら、「うまいなぁ〜」とか「線が生きてるねぇ〜」とか言って回ります。
　そうこうしていると、「ほら、うまく書けましたよ」と、別の生徒が作品を見せに来ます。本当にうまいので、「さすがだねぇ〜」と褒めまくります。
　ある生徒が苦戦をしているので、斜め後ろの生徒を指して、「〇〇君の筆の走らせ方に注目しよう」と促します。すると、他の生徒たちも〇〇君に注目します。「すごいなぁ〜」「やるなぁ〜」と声がかかります。
　苦戦する生徒に「違いがわかったでしょ？」と聞くと、「はい」という返事が返ってきました。
　残り時間10分となったところで、各々が片付けを開始します。私は「片付け開始！」なんて言いません。時間がくると、勝手に片付けが始まります。そして、そのまま授業終了。

　帰りの学活で、次の３点について褒めました。
　①みんなが、しっかり字に向かっていたこと。（ゆるやかな緊張感）
　②時間の意識が高かったこと。（スムーズな動き）
　③みんながつながり合っていたこと。（あくまでも個別の練習ですが）

　私の褒め言葉は伝わった生徒には、伝わったかな……と思います。とにかく、その日の国語はいい時間でした。当然、毎回こうではないのですが、生徒たちは、ときどき、教員もドキッとするような姿を見せてくれます。

（原徳兆）

『学び合い』による
アクティブ・ラーニングの
「学校観」と「子ども観」

「認」知的、倫理的、社会的能力、教養、知識、経験を含めた汎用的能力の育成を図る」アクティブ・ラーニングにはさまざまな方法があります。**その一つが本書で紹介する『学び合い』によるアクティブ・ラーニングです。第1章で紹介した授業の組み立て方は、典型的な『学び合い』の授業です**（詳しくは巻末の読書ガイド参照）。しかし、『学び合い』は方法というより、理論であり、考え方です。その考え方は「学校観」と「子ども観」という二つの考え方に集約されます。

この二つの考え方で『学び合い』のさまざまな方法が導かれます。

「多様な人と折り合いをつけて自らの課題を解決することを学ぶのが学校教育の目的である」、これが学校観です。非常にシンプルで簡単ですが、深い意味があります。この中の「多様」とは健常者ばかりではなく、障害者も含まれています。行動的に問題のある人も含まれています。また、「折り合い」を求めているのであって、「仲よし」になることを求めていません。社会に出れば当然、うまの合わない人もいるでしょう。それでいいのです。折り合いをつけられればよいのです。

また、「子どもたちは有能である」という子ども観に立っています。学校は子どもを大人にするところと考えるならば、大人として扱わなければなりません。手のかかる子どももいますが、子どもの数と同じぐらい、有能な子どももいます。その子どもと一緒にやれば、今よりは多くのことが実現できます。そして、子どもたちは大人に成長します。

『学び合い』はこのような学校観と子ども観を実際に体現し、「倫理的・社会的能力」を育てることができるアクティブ・ラーニングなのです。

（西川純）

CHAPTER
②

やってみよう!
アクティブ・ラーニング
授業編

STEP 1 ▸ 最初に押さえておきたい 3つのこと

＼ 学校で学ぶこと ／

　学校では教科の学習をします。しかし、学校で学ぶべきことは教科そのものではありません。

　国が定めている教育の目的は、「教育は、人格の完成を目指し、平和で民主的な国家及び社会の形成者として必要な資質を備えた心身ともに健康な国民の育成（教育基本法第一条）」であり、学校は、「教育の目標が達成されるよう、教育を受ける者の心身の発達に応じて、体系的な教育が組織的に行われなければならない（同法第六条）」と規定されています。つまり、学校教育の目的は、大きく言えば「人格に優れた、社会のよき形成者」を育てることにあります。

　教科の学習は、そのためのツールであり、手段です。教科の学習をするという経験を通して、生徒一人ひとりの人格を高めていく場所が学校だと言えます。

　アクティブ・ラーニングでは生徒同士の関わりが大きな意味を持ちますが、これには、ただ単に協同で問題解決をするという意味だけでなく、人格と社会性を高めていくというより重要な意味が存在します。教員は、まずそこを認識しなければいけません。そして、このことを率直に生徒にも伝えなければいけません。

生徒たちは有能である

　アクティブ・ラーニングでは、どんな方法で学習するかということを、生徒たちに任せます。しかし、この部分は教員にとってなかなか踏み切れない部分であることも確かです。これまでの一斉授業における生徒観は、ともすると「生徒は教員から教授されることで力を伸ばす」というものになりやすい一面がありました。しかし、アクティブ・ラーニングを行うには、まず「生徒たちは有能である」という生徒観に立たなければなりません。そう考えて初めて、学習を任せることができるのです。

　もちろん、生徒一人ひとりの能力差はあります。しかし、生徒たちはお互いに支え合い、力を補完し合うことで、大きな成果を出すことができます。部活動や学級行事をイメージするとわかりやすいと思います。「一人ひとりの力には限界があるけど、みんなとやればそれ以上の成果を出すことができる！」「自分たちには、すごい力があるんだ！」を生徒たちがそう実感できれば、アクティブ・ラーニングは活性化していきます。そのためには、教員は、本気で生徒を信じ、本気で任せることが必要です。

教員の役割

　アクティブ・ラーニングにおける教員の役割は、次の３つです。
　　①目標の設定
　　②学習環境の整備
　　③評価
　この中で、「学習環境の整備」とは何でしょう。「生徒の邪魔をしないこと」と語っていた先生がいたのですが、「なるほどなぁ」と思いました。教員も生徒にとっては学習環境の一つです。生徒が学習しやすいように、さまざまな働きかけが必要になります。

（原徳兆）

STEP 2 授業の中で大事にしたいポイント

\ 「授業の常識」を切り崩す /

　アクティブ・ラーニングは、従来型の授業に慣れてしまった教員にとって大きな意識改革を伴います。これは、生徒たちにとっても同じことです。生徒たちにとっての「授業の常識」のようなものを、切り崩していかなければなりません。アクティブ・ラーニングの授業の中で従来の授業と違う大事なポイントをいくつか挙げてみます。

\ 全員がわかることを目指す /

　アクティブ・ラーニングでは、「全員がわかる」ことを目指していきます。教員はもちろん、生徒一人ひとりが目指していきます。
　これまでは、「自分がわかる」ことが生徒にとっての最終ゴールだったと思います。そのゴールを「全員がわかる」に変えてあげるのです。全員がわかるためには、個人ごとの学習では不十分です。その集団が、チームとして関わり合いながら学習をしていく必要があります。
　「全員がわかる」を本気で目指すことで、生徒たちはチームとしての適切な関わり方を学びます。そして、わからない生徒のために、適切な行動がとれるようになります。これは、もちろん個々の学力の向上を目指したものですが、それ以上に、一人も見捨てられない社会を築いていくための大切な資質を育てているのです。

「わからない」と言えること

　授業の内容がわからないとき、抵抗なく「わかりません」と言える生徒は、そんなに多くありません。アクティブ・ラーニングでは、生徒一人ひとりの「わからない」を大切にしていきます。ですから、「わからないことは、恥ずかしいことではないんだよ」とはっきり伝え、できる限り生徒の抵抗を取り去ってあげなければいけません。

　抵抗なく「わかりません」が言える生徒が増えてくると、アクティブ・ラーニングは活性化します。生徒たちの中に「わからないなぁ」という声を聞いたら、「素直に『わからない』って言えるのはいいね」と褒めてあげましょう。

「一緒にやろう」と言えること

　アクティブ・ラーニングを活性化させる魔法の言葉が、もう一つあります。「一緒にやろう」です。生徒の中には、「勉強は一人でやるものだ」あるいは「一人でやったほうがいい」と考える人がいます。学習方法は個々に応じた方法がいいので、もちろんそういう独学もOKです。しかし、それが「自分はわからなくても仕方ない」「他の人がわからなくても仕方ない」になってはいけないのです。やはり、アクティブ・ラーニングの根底には「全員がわかる」という願いが必要です。

　そのためにも、「一緒にやろう」と自分から気軽に言える生徒が増えるように声がけをしていきましょう。

（原徳兆）

STEP 3 やってみよう！アクティブ・ラーニングの授業開き

＼ 授業開きはどうやるといい？ ／

　アクティブ・ラーニングによる最初の国語の時間。どんなことをすればいいのでしょうか。生徒たちは、これからどんな授業が行われるのか、多少なりとも期待と不安を抱えています。そして、担当する先生の様子をうかがっているはずです。つまり、生徒たちの関心は、かなりの強さでこちらに向けられているのです。ここでどう授業開きをしていくといいか書いていきましょう。

＼ 私のアクティブ・ラーニングの授業開き ／

　私の授業開き（1年生）は、このように行いました。
①ノートに短作文を書く（誰でも書けるように、題材は「中学生になった感想」とした）。
②グループ内で回し読みをし、その際、短いコメントを書き添える。
③グループ内で話し合いを行い、一番よい作品を選出する（「多数決はだめね」と伝える）。
④選ばれた作品を音読する（「内容が伝わるようにきちんと読んでね」と伝える）。
⑤音読を聞いた感想を述べ合う（なるべくたくさんの生徒に発言してもらう）。
⑥今日の授業の中で、自分たちはどんな言語活動をしたのかを振り返

る。
⑦今日の授業の感想を書く。

　どうでしょうか。どこがアクティブ・ラーニングなの？　と思うかもしれません。おそらく、やっていることは従来の授業と大差はありません。でも、生徒の活動時間を大幅に増やすことに違いがあります。

教師の働きかけを１時間のうち５分以内に削ぎ落とす！

　この授業で、私が心がけたのは、
- **教員の働きかけ（発問、指示など）を極力削ること**
- **その分、生徒たちの活動時間を多く保障すること**

の二つです。とにかく「生徒たちにいろいろ活動をしてもらおう」ということを考えました。これは、これから国語の学習でどんな活動をしていくのか？　ということを、急ぎ足で体験してもらうことをねらっています。つまり、上の①〜⑤で「話すこと・聞くこと」「書くこと」「読むこと」の学習を体験し、⑥⑦でそのことを認識する、という流れなのです。

　授業の冒頭で、「これからどんな学習をするのか」を伝えるのはごく普通のことだと思います。ただ、多くの場合、教員は長々とそれについての一方的な説明をします。活動を交えたとしても、その活動についての解説を加えます。もちろん、私も説明しますし、解説も加えます。ただ、それをアクティブ・ラーニングの授業では、授業の冒頭の５分以内に削ぎ落とすのです。

（原徳兆）

STEP 4 アクティブ・ラーニングの意義を生徒に伝える語りの具体例

\ アクティブ・ラーニングの意義 /

　授業開きの際には、「なぜこれからアクティブ・ラーニングをするのか」というアクティブ・ラーニングの意義の説明を生徒にする必要があります。

　文部科学省が発表したアクティブ・ラーニングの定義の中には「学修者が能動的に学修することによって、認知的、倫理的、社会的能力、教養、知識、経験を含めた汎用的能力の育成を図る」とあります。「心情の読み取りができる」とか「文章の要旨をまとめることができる」などといった能力に止まることなく、社会の中で生きて働く力として昇華しなければいけないということです。

　社会の中で生きていくためには、とりもなおさず、多様な人と関わり合わなければいけません。その多様な人との関わりの中から、新しい考えや、価値を生み出していくことこそが、これから求められる力です。

　このことを短くわかりやすく伝えます。長いと生徒は聞いていられなくなります。私は次のように語ります。

\ アクティブ・ラーニングを始めるときの語りの例 /

　「これから進めていく学習の形は、ひょっとしたら今までとはまったく違っているかもしれません。これは、いわば「みんなでつくる学習」です。「みんな」とは、クラスにいるメンバー一人ひとりであり、「みん

なで」は、その一人ひとりが残らず関わり合ってということです。先生は、みんなにミッション（＝学習課題）を与えます。それに対して、みんなはチームとして立ち向かいながら、クリア（＝理解）して下さい。その繰り返しと、積み重ねによって、みんなの力は着実に伸びていきます」

学校ってどういうところなのかを伝える語りの例

　「学校は、「教科の勉強」をするところではありません。将来にわたり君たちの力となる「生きる力」を学ぶところです。勉強はその「生きる力」の一部に過ぎません。「生きる力」の大切な部分は、人と人とのコミュニケーションの力です。学校教育が、集団による学びを行っているということは、そうした人と関わる力を学ぶという意味があります。

　学校の中には、いろいろな人がいます。ものの見方や考え方も様々です。きちんと関わり合うことで、お互いに新たなことに気付くことができるはずです。その気付きこそが、君たちにとってかけがえのない学びとなっていきます。そして、そのような関わり方をみんなで共有していくことで、君たち一人ひとりが、新しい集団の中に入ったときも、また同じように関わり合い、学び続けることができるようになるのです」

先生の役割を伝える語りの例

　「もちろん勉強を教えます。しかし、学校という学びの場で先生一人から学ぶのはもったいないことです。周りにはもっとたくさんの人がいます。その人たちから学ばない手はありません。また、先生も君たちすべてに対して平等にわかりやすく教えることはできません。ですから、君たちの助けを求めます。そのために、あえて「教えない」という姿勢で授業に臨むこともあるかもしれません。よろしくお願いします」

（原徳兆）

STEP 5 最初に評価方法も伝える

\ 最初の5分以内に評価方法も伝える /

　ほとんどの授業が、導入では本時の目標を提示すると思います。これは、アクティブ・ラーニングでも同じです。
　さらに、アクティブ・ラーニングでは、評価についても伝えます。評価の時期、評価方法、評価基準などです。これは生徒たちが自立して学習に取り組むために必要なものです。
　これらを5分以内で伝えます。かなりコンパクトに絞り込んで伝えないと、時間はどんどん過ぎていきます。5分以内にこだわるのは、生徒たちの活動時間を確保するためです。ここでの説明事項をプリントにして配布すると、効率のよい説明ができます。

\ 評価についての伝え方 /

　「今日の学習課題は、2つの文章を読み比べて、それぞれの特徴についての説明をすることです。ノートに説明をまとめたら、いろいろな人に説明してください。説明を受けた人は、納得できた場合のみ、その人のノートにサインをしてください。5人からサインをもらえたら課題達成です。活動時間は授業終了の5分前までです。全員が課題を達成できるように、みんなでしっかり取り組みましょう。さあ、どうぞ」
　これは学習課題を提示しているのですが、この中に評価について触れているのがわかると思います。

①評価の時期 … 授業終了の5分前
②評価方法 … 5人からサインをもらう
③評価基準 … 説明した相手が納得している

　生徒に伝えるのは、この程度の簡単なものです。大切なことは、生徒たちにきちんと伝えるということです。これは、生徒たちにも同じ視点で自分たちを評価してもらうという意味があります。
　アクティブ・ラーニングは、生徒たちが学びの主役になります。そうだとすれば、教員は潔く自分の手の内を見せるべきでしょう。ことに、評価については、生徒たちの学習のゴールに関わる大切な指針となります。教員だけが握っている状態はフェアーではありません。

いつでも見えるようにしておく

　このように評価について最初に知らせるわけですが、それで生徒全員にきちんと伝わるわけではありません。私はいつでもそれがわかるように、プリントや板書を用います。短い時間で伝えるのにプリントが有効であることは前にも述べましたが、授業の中でいつでも評価について確認できるのも、その利点の一つです。
　板書で示すことは、プリントの場合と少し違います。例えば、③評価基準について「説明した相手が納得している」と書いたとします。しかし、実際に生徒同士が話し合ってみると「納得しているってどういうこと?」といった疑問が出てくることがあります。そういう場合、「納得 → その説明を相手が復唱できる」「納得 → 相手を説得することではない（合意は求めない）」などの補足を随時書いていきます。そして「評価について補足を書いておいたから確認して下さい」と投げかけます。日常的にこういう板書の仕方をしていると、生徒たちも意識して板書を見るようになります。

(原徳兆)

STEP 6 グループを任せる 立ち歩きを奨励する

＼ 常に変化し続けるグループ ／

　従来型の授業では、グループ学習の際、各グループの能力差が出ないように配慮しながらグループを組んでいくことが普通でした。そこには、常に教員の意図が入っていました。

　アクティブ・ラーニングでは、その教員の意図を放棄します。そして、グループづくりは、完全に生徒たちに任せます。考えてみてください。アクティブ・ラーニングは、生徒一人ひとりが自分のベストの方法で学習を行うものです。生徒全員にとって勉強しやすいベストなグループ構成を、教員が実現できるでしょうか？　まず不可能だと思います。

　グループづくりを生徒たちに任せると、はじめのうちは「仲良しグループ」での学習になります。しかし、アクティブ・ラーニングでは全員が課題を達成するという成果を強く求めていきます。そうすると、グループの枠が崩れて、いろいろな人と関わりながらグループが常に変化していく状態が生まれます。このような流動的なグループ構成を組むことは、教員には絶対にできない技です。

＼ 立ち歩きの奨励 ／

　アクティブ・ラーニングではグループが常に変化するのですが、その前提として「授業中に勝手に立ち歩いてよい」ことを、はっきり伝えましょう。生徒たちにとって、授業中の立ち歩きは、大罪に等しいことか

もしれません。でも、それを認めてあげると、生徒たちはいきいきと活動するはずです。

　立ち歩きが行われると、どうしても教室の雰囲気が雑然としたものになります。これまでの授業規律が乱されるような印象を持つ方もいることでしょう。ついつい注意したくなる場面もありますが、そんなときは、立ち歩きがよく行われていることを認めてあげた上で、「しかし、君たちは何のために自由に立ち歩くのですか？」と問いかけます。「いろいろな人と交流するため」「課題を達成させるため」などの答えが返ってくると思います。そうしたら「それをもっと強く意識してみようよ。君たちならもっと上手な立ち歩きができるはずだ」と励まします。

　このように、アクティブラーニングでは、行動を指示することよりも、行動の意味を考えさせることに重きを置きます。

グループが動かないときは

　とは言っても、「仲良しグループ」での学びが延々と続く場合もあります。これは、生徒たちがグループを変える必要性を感じていないためです。課題が簡単すぎるとよくそうなるので、課題を高度なものにして様子をみてみましょう。

　また、課題の中に「3人以上と話し合おう」という具体的な行動目標を加えるのもよいでしょう。

　私は、単元の課題一覧を記した学習カードの端に、学級名簿を付けました。そして「この単元が終わるまでに、全員と交流しよう」と話しました。アクティブ・ラーニングの初期段階では有効だと思います。

（原徳兆）

STEP 7 : 助け合うための可視化と制限時間について

＼ ネームプレートによる可視化 ／

　課題が終わったかどうかを確認する方法はいろいろありますが、マグネットのネームプレートを黒板に貼り、それを移動させて可視化するのが、最もポピュラーだと思います。

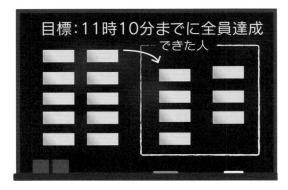

黒板にネームプレートを貼り、できた人は自分のネームプレートを移動させる。

　大切なことは、なぜ可視化をするのかです。何も言わないと、生徒は評価のための可視化だと考えます。もちろんそういう意味もありますが、それ以上に大きな意味は、誰のところにいけば教えてもらえるか、そして、誰のことを助けなければいけないか、この2点を可視化することです。ここを丁寧に生徒に伝えていきましょう。そうしないと、アクティブ・ラーニングはネームプレートを移動させるゲームになってしまいます。

　ネームプレートにまつわる出来事には、こんなこともありました。一度、ネームプレートを移動させた生徒が、それをまた動かしたのです。「どうして？」と聞くと、「実は、まだよくわかっていなかったんです」という答え。「さすが！」と褒めました。

ネームプレートを用いるのは、生徒たちが自分たちの学習状況を見やすくするためです。しかし、裏返せばネームプレートのみに頼って、お互いをきちんと見ないことにもつながります。アクティブ・ラーニングが軌道に乗ってきたら、ネームプレートを用いないことも考えていきましょう。

制限時間を守る

　「〜時までに課題を達成させて下さい」と明言したら、その時間は守らなくてはいけません。達成状況が悪いと、「じゃあ、続きは次の時間ね」としたくなりますが、頻繁に先延ばししていると、生徒たちは、「達成しなくても、時間を延ばしてもらえる」という前提で学習するようになります。そうすると全力を尽くそうとする力が削がれてしまいます。

　達成状況が悪いことを確認し、学習の進め方はどうだったのかを振り返りながら、次の時間からの改善を生徒たち自身で考えるように求めていきましょう。

　生徒たちが、アクティブ・ラーニングを自分たちの学習方法として身につけるためには、長期的なスパンでの指導が必要です。ですから、制限時間を守ることは、教員の姿勢として強く打ち出していかなければなりません。

　そうは言っても、現実的に達成状況が悪い状態が続くと気になってしまうものです。そのときは、延長ではなく、再度別の学習課題を設定して仕切り直しをしましょう。また、確認テストを実施することを伝え、そのために確認テストそのものを課題として示し、アクティブ・ラーニングで取り組んでもらうという方法もあります。こうすると確認テストの成果は上がりやすくなり、生徒も達成感を得やすくなります。もちろん、その際も制限時間は厳守します。

（原徳兆）

STEP 8 ▸ 全体を可視化する声かけの具体例

\ 教員は何をしているか /

　アクティブ・ラーニングでは、授業の活動の大部分を生徒たちに委ねます。私の感覚では、これまで教員が握っていた授業を運転するハンドルを、生徒たちに返してあげるようなイメージです。

　ハンドルが生徒なら、教員は何でしょう？　ブレーキでしょうか？　暴走する生徒を止めてあげる……そういう役割も必要かもしれません。でも、できればブレーキも生徒に委ねたいです。生徒自身が「暴走しているな」と気づき、自分でブレーキを踏む……そのために必要なのは、さまざまな情報を可視化する計器類です。教員は、授業の中で計器になり、全体の状況を全員に伝えていく声かけをしていきましょう。

\ 教員が伝えること /

　授業の中では、さまざまな風景を目にします。
- 意欲的に話し合い、どんどんいい意見を出しているグループ
- 一方で、会話は少なくても、じっくり考えているグループ
- また、グループから離れ、一人黙々と頑張っている生徒

　それらを、「全員に向けて」伝えていきます。たとえば、こんなふうにです。
　「○○君たちは、たくさんいい意見をもっていますよ」
　「○○君たちの集中力はすごいなぁ」

「一人でも、しっかり取り組んでいるね」など。

がんばっていることを伝えて、生徒たちの学習意欲を喚起します。

待つという姿勢

よい行動が見える一方、よくない風景も見えてきます。
- 集中せず雑談をしているグループ
- 考えてはいるものの、なかなか意見が出ないグループ
- 一人で孤立してしまっている生徒

これらも、状況を適切に切り取ってみんなに伝えます。

「全員の達成を本気で目指していますか」

「いろいろな人に聞いていいんだよ」

「自分だけできればいいと考えないでね」など。

　これらの言葉は、あくまでも「全体に向けて」語りましょう。そして、生徒たちが気づいて動くことを待つのです。

絆を育む

　アクティブ・ラーニングで見せる生徒たちの姿は、多くの場合、素の姿です。本性が出ると言ってもいいでしょう。その状態で、互いに協力しながら課題の達成を自分たちで目指していくのです。こうして、あたりまえのように、人間関係が良好になっていきます。

　実際、アクティブ・ラーニングを行うことで、「信頼関係が深まった」と感じる生徒は多くいます。集団の絆は、普段の授業でこそ育んでいきたいものです。

（原徳兆）

STEP 9 生徒がアクティブになれる環境をつくろう

学習の見通しを示す

　生徒たちが能動的に学ぶためには、これからどんなことを学んでいくのか？　という見通しをもってもらう必要があります。そこで、私は単元ごとに「学習カード」を作り、事前に配付するようにしています。このカードはその単元の課題と学習の進め方を示したものです。

　教師主導の従来型の授業の場合、単元の学習の流れを教師のみが了解し、それを小出しにしながら授業を進めるといったことがしばしばありました。それでは、生徒の学びに制限をかけてしまいます。見通しがあれば、それに応じて予習を進めることもできるでしょうし、今日の学びが、次にどう発展していくか予想を立てることもできます。

　また、次の課題を意識して、今日の課題に取り組むこともできるでしょう。場合によっては、課題の順番を入れ換えて学習することも可能になります。

全員達成を目指す

　しかし、最も大切なことは、その学習に参加している全員の課題達成を目指していくことです。教員はもちろんですが、生徒たち一人ひとりが全員の達成を本気になって目指していきます。これを実現させようとしたなら、どうしたって自分たちから動いて、互いに関わり合っていくしかありません。

それによって全員が達成したとき、関わり合って学習することが、自分たちにとって素晴らしいことなんだという気づきにつながります。

　また、達成できなかったとしても、「どうすれば達成できるか」を考えることで、関わり方を改善していくことにつながります。

　全員達成を本気で目指すことで、アクティブ・ラーニングは、より充実した学習になっていきます。逆に言えば、全員の達成を本気になって目指しているかどうかが、アクティブ・ラーニングの質を見極める上での指標となっていきます。

（原徳兆）

学習カードの例

第二学年国語科学習カード

モアイは語る　～地球の未来　　　　　　　　2年　　組　氏名

◎本文を何回も読んで授業に臨むこと　　◎ワークは予習として計画的に進めること

全体を通しての学習課題
　筆者の主張を、根拠となる事実をもとに読み取る。【読む】

日付	学習課題	学習の進め方
	①モアイが語る「地球の未来」の姿について、分かりやすく説明する。	・タイトルの「モアイは語る」は擬人法である。「モアイを通して考えられる」という意味だが、このとき重要なのは、「モアイ」と「地球の未来」との関連性である。この関連性を、文章中からキーワードをみつけ、うまく説明しよう。 ・ノートにまとめる際は、文章、図表など様々なまとめ方が考えられる。各自で工夫すること。 ・まとめたものを最低1人以上にみてもらい、自分として納得できるものにできたらクリア。
	②文章全体の構成を捉える。	・全体を、序論・本論・結論に分ける ・本編をさらに四つに分け、全体を六つの意味段落と捉える。 ・それぞれの意味段落に見出しを付ける。 （要約文を書いてもよい） ・以上をノートにまとめたらクリア
	③筆者の主張を、そのもとになる根拠とともに読み取る。	・四つの問題提起を確認し、その答えがどう書かれているかまとめる。 ・筆者の主張をまとめる。 ・その根拠としての事実（イースター島での出来事）を指摘し、その出来事の意味すること（根拠からの意味づけ「理由」）をまとめる。
	④別の文章（別紙）を読み、教科書の文章との比較から分かったこと、考えたことをまとめる。	・何についてどうまとめるかは自由。 ・自分の力を終結させ、完成させること。

STEP 10 授業の最後の振り返り

＼ クラスの達成状況はどうなっているか ／

　アクティブ・ラーニングの課題は、その時々で様々であっても「全員が〜できる」という基本の形は変わりません。ですから、全員達成できた場合は、生徒の活動の様子についてどんなところがよかったのかを振り返ります。逆に全員達成ができなかった場合は、どうすれば全員ができるのかを生徒たちに問います。

　授業そのものは一時間ごとに完結しても、生徒の「学び」は生涯に渡って連続しています。アクティブ・ラーニングの振り返りのポイントは、次の学びにいかにしてつなげていくか？　ということです。その視点を持ち続けたいものです。

＼ 個々の達成状況について ／

　しかし、生徒一人ひとりがどのくらい理解しているのか確認したいと思うのが常でしょう。そのような場合は、最後に確認のテストを行えばいいのです。漢字や文法の学習では、確認テストをすることを前提にして、「全員が〜点以上をとる」を学習課題にしてしまいます。そして、クラスの達成状況について振り返っていくのです。

＼ クリアのレベルを上げる ／

　しかし、ここの達成状況についてもアクティブ・ラーニングにおいては、かなりきちんと把握できます。それは、生徒たちがお互いの学習状況をしっかり確認し合うからです。

　アクティブ・ラーニングが定着した集団では、いたずらに全員をクリアさせようという動きにはなりません。むしろ「それでは、まだクリアしないよ」と声をかけるなど、安易な達成をなくしていこうとします。私は、生徒たちに「クリアのレベルを上げていこう」と話します。全員クリアしたとしても、「一人ひとりのクリアのレベルはどうだろう？」と疑問を投げかけます。そして、「今日のような学びができるんだから、一人ひとりの『できた』のレベルを上げていけるはずです。みんなで、そこを目指していきましょう」と語ります。

＼ 自分自身の振り返り ／

　アクティブ・ラーニングの実践者の多くは、生徒たちに自己評価として授業の振り返りを書かせています。生徒たちは、自分だけでなく、クラス全員のためにどれだけ頑張ったか？という視点から感想を書くようになります（「先生の話をしっかり聞くことができました」のような感想はなくなります）。

　それと同じように、教員も授業に対してどう向き合ったかを記していくことをお薦めします。そのときの大切な視点は、「生徒たちを信じて、どれだけ任せられたか？」です。そうすることで、よりよい授業について、次の一手が見えてくることもあるでしょう。生徒と同じく、我々も学び続ける存在なのです。

（原徳兆）

他教科の先生と情報交換できるのが楽しい

『学び合い』によるアクティブ・ラーニングに出会って

　現任校に転勤してきて、校内研修で取り組んでいる『学び合い』によるアクティブ・ラーニングに出会いました。自分自身、授業の中での説明でクラス全員に理解してもらうことに限界を感じていた時期でもあったので、アクティブ・ラーニングに取り組んでみました。私の場合、すでに他教科の先生がいち早く取り入れていたという恵まれた環境でした。生徒のほうがやり方に慣れているので、何の抵抗もなく受け入れられて授業が進みました。

まずは模倣から

　とはいえ、新しいことへの挑戦には常に不安がつきまといます。まずはアクティブ・ラーニングの実践を重ねている他教科の先生の授業をじっくり見せていただきました。授業後の黒板にはその時間の課題や達成状況、生徒の書き込みなどがあります。それをじっくり眺めました。授業の最初と最後の語りを廊下で盗み聞きしたりもしました（これがものすごく勉強になります！）。
　「あの先生はこのクラスに何と語っていたかな？　自分はどんなことを話せば、このクラスのやる気を引き出せるかな？」そんなことを考えながら、授業をスタートしています。

情報交換できる喜び

　生徒には得意教科と苦手教科がありますから、教科、学習内容によってアクティブ・ラーニングでの活躍の度合いが違ってきます。

今日は授業がいい雰囲気で進んだ、今日は思いがけない生徒がすばらしい動きを見せた、そんな授業だったときに廊下で会った他教科の先生が授業の様子を教えてくれます。国語では教えてもらうことの多い生徒が、英語や数学の授業でいい動きをした、大活躍だったというような話を聞くことがしょっちゅうあります。

　学級担任として「今日の○○の授業で、こんな活躍をしたんだってね。教科担任の先生がすごく褒めて下さっていたよ」と生徒に伝えたときの、生徒の顔は本当に嬉しそうです。教科担任の先生と情報交換することは、学級の生徒との絆を深めることにつながります。

　また「○○の教科で、すごくいい説明をしたと聞いたよ。そのがんばりを国語の授業でも見せてね」と自分の授業の際に励ます材料にもなります。

　「どんな語りをすれば生徒の心に響くのだろう」「どんな課題を設定すれば、生徒の生き生きとした学びにつながるのだろう」などと日々、実践に悩んでいますが、学校全体でアクティブ・ラーニングに取り組むことで教科を越えて、共に考えていくことができます。他教科から学べることはたくさんあると気づかされました。

仲間がたくさんいる喜び

　常に情報交換できる同僚がいるのは、とても楽しいことです。生徒の様子をやりとりすることで、新しいアイディアが生まれてきます。

　一緒に試行錯誤して、あれこれ試せる仲間がいるのがアクティブ・ラーニングの魅力の一つではないでしょうか。

（菊池真樹子）

アクティブ・ラーニングはなんでもアリではない

「新たな未来を築くための大学教育の質的転換に向けて～生涯学び続け、主体的に考える力を育成する大学へ～（答申）」にアクティブ・ラーニングの定義があります。以下の通りです。

『教員による一方向的な講義形式の教育とは異なり、学修者の能動的な学修への参加を取り入れた教授・学習法の総称。学修者が能動的に学修することによって、認知的、倫理的、社会的能力、教養、知識、経験を含めた汎用的能力の育成を図る。発見学習、問題解決学習、体験学習、調査学習等が含まれるが、教室内でのグループ・ディスカッション、ディベート、グループ・ワーク等も有効なアクティブ・ラーニングの方法である。』

思いつく限りの方法を併記し、最後に「等」をつけます。そして、「総称」であると述べています。だから、方法は何でもアリです。しかし、社会で生きられる大人を育てられなければアクティブ・ラーニングではありません。

アクティブ・ラーニングのポイントは「認知的、倫理的、社会的能力、教養、知識、経験を含めた汎用的能力の育成を図る」の部分です。何気ないようですが、「認知的（つまり今まで教科学習で教えていた知識技能）」と並列で、「倫理的能力」、「社会的能力」を育成することが求められているのです。

社会で生きられる人は、「企画を生み出し、その人と一緒に仕事をしようとする人に恵まれる人」、「英語を通して、他の人の役に立てる人」です。具体の仕事と倫理的能力、社会的能力を融合している人なのです。それを、学校教育の多くを占めている教科教育で育てるのです。

（西川純）

CHAPTER
3

やってみよう!
アクティブ・ラーニング
課題づくり編

STEP 1 単元目標を決めよう

＼ いたってシンプルに ／

　アクティブ・ラーニングだからといって、これまでの単元目標と変わりはありません。考え方は、いたってシンプルです。基本的には、学習指導要領の目標にのっとって設定していきます。どんなに素晴らしいアイディアが生まれたとしても、学習指導要領をないがしろにするのはアウトです。

　日常的な単元目標づくりでは、教科書会社が設定した目標に従っていくとよいでしょう。日本の教科書は、学習指導要領と完璧にマッチしています。教科書に従っていけば、指導要領に規定された学習を、漏れなく取り上げることができます。

＼ 「教科書通りに」の意味 ／

　「教科書通りにやるのは、なんか工夫していないような気がする……」そんなふうに考えてしまう教員は、案外多いのではないでしょうか？ 私も、どちらかと言えばそのタイプです。自分のいいようにアレンジしたがります。

　でも、教科書通りにやることは、とても合理的なのです。まず、目標設定の労力が大幅にカットされます。そのぶん、じっくりと授業本体の準備ができます。

教科書は活用するもの

　そして、2つ目。これはアクティブ・ラーニングだからこその考え方だと言えます。アクティブ・ラーニングでは、活動の大部分が生徒たちに委ねられています。その間、教員がうるさく介入する必要はありません。その中で、生徒たちは何を用いて自分たちの学習を進めるのでしょうか。

　そうです。教科書です。教科書は生徒たちがもっとも頼りとするメインのテキストです。多くの教科書には、学習の進め方を記したコーナーがありますが、もし、全く別の目標を設定したとすれば、そのコーナーは生かされません。しかし、目標を同じものにすれば、たちまち生徒たちにとって有効な学習ツールとなっていきます。

　アクティブ・ラーニングにおいて教科書は、生徒自らが積極的に活用するものです。いやいや、活用しないのはもったいないです。

単元目標を共有する

　1時間ごとの目標は、板書して示すことで生徒たちと共有できます。しかし、単元の目標となると、指導案には書いても、生徒たちには案外示されないものです。アクティブ・ラーニングは、活動を生徒に委ねるのですから、単元目標を示すのは当然と言えます。そして、その単元目標が、生徒たちの中でしっかり意識されなければなりません。私は、「学習カード」に単元目標を書くことで、まず知らせます。あとは、授業の中で、その目標について継続的に語っていきます。

（原徳兆）

STEP 2 評価基準と評価方法を決めよう

\ 誰が評価をするのか /

　授業における評価者は教員です。それは間違いありません。しかし、アクティブ・ラーニングでは、生徒たちが積極的に評価に参加していくことが求められます。単元の目標や、1時間ごとの目標を生徒たちと共有していくなら、それをどう評価するのかについても、生徒たちに示し、共有していきたいものです。

\ 評価基準を示す /

　学校によっては、自校の評価計画ができあがっているところもあるでしょう。また、教科書の指導書にも評価基準が示されています。それを上手に活用していくことも、一つの方法だと思います。

　ただ、それらは教員が活用することを前提として作られたものです。生徒たちが、自分たちの評価をする「ものさし」として活用できるようにするためには、言葉をわかりやすくするなど、ちょっとした工夫が必要となってきます。

\ ルーブリックの活用 /

　私は、しばしば評価基準を示すためにルーブリックを用います。ルーブリックとは、学習の到達度を示す評価基準を一覧表にしたものです。

下は、「おくのほそ道」の学習で新聞作りを行った際に用いたルーブリックです。

■評価

C評価	B評価	A評価
松尾芭蕉の経歴や、古文の意味を正しく理解し、記述している。	作品を通して、松尾芭蕉の考え方、感じ方を読み取り、伝えている。	読み取った情報から、作者や作品の魅力を見いだし、伝えている。

ルーブリックの底力

　この学習の場合、課題は「全員が新聞を完成させる」になるのですが、それだけでは、とりあえず完成すればクリアということになります。でも、実際には完成した新聞の質に差があります。ルーブリックは、そこにメスを入れることで、より繊細な評価を生み出していきます。

　教員も、生徒も、同じルーブリックを用いて評価します。生徒たちは、自己評価にも相互評価にも用います。そして何よりも学習活動の中にはじめからルーブリックが存在することで、到達度を意識した学習になっていくのです。

チームを評価する

　アクティブ・ラーニングでの評価は、個人の学習成果を評価するという従来の側面と、学び合う集団（チーム）としての学習成果を評価するという側面があります。後者のほうも、ていねいに行いたいものです。

（原徳兆）

STEP 3 毎回の課題を作ろう

＼ まずは教科書どおりに ／

　前の章でも述べましたが、アクティブ・ラーニングだからといって、特別な課題を設定する必要はありません。基本的には、教科書に沿った形で課題を設定するとよいでしょう。

　学校によっては、かなり綿密な年間指導計画を作成しているところもあるでしょう。そういったものを上手に活用することで、課題作りの方針が立てやすくなります。

＼ 定期テストを意識して ／

　中学校の場合、評価における定期テストのウエートは、とても大きいかと思います。アクティブ・ラーニングで授業を行ったとしても、定期テストを「アクティブに」とまではいかないでしょう。しかし、授業での学びが、定期テストで生きるような工夫をしましょう。

　私は、アクティブ・ラーニングにおいては「どう考えたか」を問うことを大切にしています。それならば、定期テストにおいても、同様の設問にすればよいのです。

　採点についても、授業の中で評価基準を明らかにしていれば、それに従って点数化することができます。授業は授業、テストはテストとならないように気をつけたいものです。

＼ 最初にテストの問題を作っておく ／

　とは言っても、そううまくいくとは限りません。たとえば、複数で学年の国語を担当している場合、しかも、アクティブ・ラーニングを実践しているのはあなただけ……といった場合は、アクティブ・ラーニングを前提にしたテスト問題は作りにくいと思います。

　そんなときに有効なのは、最初にテスト問題を作り、それに基づいた授業をみんなでやることです。こうすることで、教課担当者の授業スタイルが違っていても、定期テストでの公平性が保たれ、なおかつ、それぞれの授業が、定期テストと密接にリンクしていくことになります。

＼ 10分間で解決できる課題 ／

　1時間あたりの課題の質や量については、きちんと見極めていきましょう。「できる生徒が10分間でクリアできる課題」が、一つの目安になっていきます。

　アクティブ・ラーニングは生徒に自主的な学習を促しますが、それは自習をさせることとは違います。生徒同士が関わり合う中で、全員が課題をクリアしていくことを目指していきます。生徒同士の関わり合いが発生するためには、早い段階でクリアする生徒、つまり、わからない生徒に教える役割を担う生徒が一定数いなければなりません。

　適正な課題の量は、アクティブ・ラーニングを積み重ねていくと見えてきます。時間があるのだからと欲張らないようにしましょう。

（原徳兆）

STEP 4 課題の作り方のバリエーション

＼ 納得解を見つける ／

　アクティブ・ラーニングでは、考え方を問います。答えは一つであっても、そこに至るまでの考え方には多様性があります。それを吟味して、自分がもっとも理解しやすい納得解を見つけていく過程は、生徒たちにとって、将来の生き方にも応用できる大切な学びにつながっていきます。

＼「〜を説明しよう」／

　考え方を問う課題の基本形として、私がもっとも多く用いるものです。これは、教科書にある学習課題などに、少しアレンジを加えるだけでも可能です。たとえば、「全文を、三つのまとまりに分けよう」という課題なら、「全文を三つのまとまりに分け、そうした理由を説明しよう」とすればいいのです。
　この課題では、「分けた結果」よりも「分けるまでの思考の過程」を大切にします。ですから、最初から正しい分け方を示し、「どう考えると、このような分け方になるのか」と問うこともできます。

＼「〜を説明して、〜人に納得してもらおう」／

　「説明する」ということは、相手に伝えることを意識して述べること

です。自分では理解して言葉を並べても、伝わらなければ説明にはならないのです。そこで、相手に伝えることを課題の中心に据えます。

　ここで大切なのは、口頭で説明していくということです。ノートに書いた説明を読んでもらうだけで済ませることもできるのですが、それだと、キーワードなど部分的に見て「たぶんきちんと説明してあるだろう」と安易に判断してしまうことがあるようです。ですから、自分の言葉で伝えることを求めます。言葉で伝えることで、そこから対話が生まれます。

　説明に納得してもらうという言語活動は、双方向によって成立する活動だと言えます。そして、それはアクティブ・ラーニングを行うことでより活性化していきます。

「〜ができるようにしよう」

　国語の学習の中でも、技能的な要素が強い課題については、「できる」ことを求めていきます。中でも書写における学習課題は、完全に技能を重視します。

　「行書の特徴を生かして書こう」という課題では、まず行書の特徴を明らかにしていきます。ここまでは知識なのですが、書写のゴールはあくまでも自分で書くことです。知識として得られた特徴が、自分の字の中に表現されているかが問われます。「できる」を求めるのは当然です。ただ、どうやって「できる」を達成させるかは、いろいろなアプローチがあります。書写は、一人で黙々と練習するというイメージがあるので、アクティブ・ラーニングとは相容れないように思われがちです。でも、本当にそうでしょうか。互いに教え合うような学習のほうが、確実に「できる」につながるのではないでしょうか。

（原徳兆）

STEP 5 課題の作り方①
書く チェックしてほしい項目を毎回変える

＼ 定期テスト直前に練習 ／

　高校入試に条件作文、課題作文が出題されることが多いため、私はその対策として中1の最初の定期テストから200字程度の作文を毎回出題するようにしています。

　テスト直前の1時間で練習し、本番では似たような問題を出します。そうすると年に5回練習できます。教科書の教材と関連させると、授業時数の節約にもつながります。

＼ その場で直してもらえるので効果的 ／

　96ページの実践事例でも述べていますが、教師一人の添削には時間がかかり、生徒がその間違いに気づくまでに時差があります。書いてすぐにクラスの仲間に添削してもらえるので、作文の学習でのアクティブ・ラーニングは大変効果的です。

　年に5回、200字程度の作文を練習するとして、課題を提示するときに、「今回は特にここに注目してお互いにアドバイスしてほしい」というところを強調して伝えます。

＼ 「作文の添削、先生はここが大変」と生徒に打ち明ける ／

- ●ステップ1　条件に合っているか

- ステップ2　文の書き出しと結びが合っているか
- ステップ3　接続する語句を適切に用いているか
- ステップ4　事実と考えが区別できるように書いているか
- ステップ5　グラフから読み取ったことを簡潔にまとめているか

　というように、指導者が段階を決め、「今回はこのステップを重点的にチェックして、全員が時間内に作文を完成させる」という課題を提示します。作文の指導で、私が最もてこずるのがステップ2です。「私が思ったことは〜と思いました」という文です。1年生はもちろんですが、3年生の作文でも見受けられます。そこで、「私一人がチェックしても、なかなか直せないところです。お互いに厳しくチェックして、今日は全員が書き出しと終わりが整っている文で作文を仕上げることを目標にしてください」と話します。
　このように、5回の作文の学習でそれぞれ重点的にチェックする項目を変えて、作文を書く際に気をつけることに気づかせていきます。

題材探しも仲間といっしょに

　「原稿用紙3枚以上」のような量の作文の学習で、題材探しや文章の構成をアクティブ・ラーニングで考えることもできます。書きたい題材が見つかると、生徒はどんどん書き進めます。

（菊池真樹子）

STEP 6 課題の作り方②
読む
答えの幅を伝える

＼ 答えが一つか、何通りか考えられるのか ／

　「国語は答えが一つじゃないから、よくわからない」という意見は常に耳にします。漢字、文法など答えがはっきりしているものから、小説の登場人物の心情読み取りのように何通りかの考えができるものまで扱う教科だから出てくる意見なのでしょう。

　国語でアクティブ・ラーニングの課題を設定するときは、答えがはっきりしているのか、いくつか考えられるのか教師が見極めて、課題を伝えるときに、併せてそのことも伝える必要があると思います。

＼ 答えが一つの場合 ／

　説明的な文章の学習では、「序論・本論・結論」の３つのまとまりに分ける、という活動がよく行われます。何通りか考えられる分け方について、学級全体で話し合うのも一つの方法ですが、次のように指示し、アクティブ・ラーニングで分け方を考えさせることもできます。

　「意見がいくつかに分かれるかもしれません。なぜそのように分けたかを説明できるよう、十分に意見交換してください。今日の答えは一つです。授業の最後に正解を発表します」

　小学校でも「序論・本論・結論」という用語で学習していますが、中学校で初めて説明文を学ぶときは授業前にそれぞれの説明を黒板に書いておき、その定義にしたがって分けられるようにしました。

＼ 必ず使ってほしい語、使ってはいけない語を指定する ／

　「このときの登場人物の心情をノート5行以上で説明して、クラスメイトに見せる。正しく読み取れていると思ったらサインをする。3人以上からOKをもらったら、課題をクリアしたことにする」というように課題を設定します。これは答えが何通りかの意見が出てくることが予想されます。そこで、判断基準となるキーワードや、明らかに誤った読み取りの場合に出てくる語を「ヒントカード」と名づけ、黒板のはじや教室の片隅に置きます。そして迷ったらヒントカードを見るように伝えます。

　心情の読み取りは何でもOKなのではなく、方向性があるということに生徒は徐々に気づいていくはずです。いくつかの答えにどの程度の幅があるのかをあらかじめ伝えることで「誤読」を防げるのではないでしょうか。

＼ テスト対策として ／

　「何十字以内で説明しなさい」という記述問題を苦手としている生徒は多くいます。そこで定期テスト前は記述問題だけ3問ほど取り上げ、「全員が答えを書けるようになる」という課題でアクティブ・ラーニングをすると、テスト対策にもなります。

（菊池真樹子）

STEP 7 ▸ 課題の作り方のバリエーション
漢字・語句・文法

＼ 漢字の学習をアクティブにする ／

　ともすると、自学自習がメインになりがちな漢字練習ですが、生徒たちをよく観察していると、実にアクティブな側面もあります。

　「ねえ、この漢字ってどう書くんだっけ？」
　「あれっ、この漢字間違ってるよ」「えっ、どこどこ？」

　つまり、日常的に生徒同士が教え合っているものは、漢字の書き方についてです。ですから、作文を書く活動を生徒たちに委ねれば、漢字の教え合いはかなりの頻度で発生します。また、作文の学習に限らず、ノートにまとめたものを見せ合って交流する活動などでも、漢字の教え合いは行われます。
　もちろん、これだけでいいという訳ではありませんが、生徒たちが様々な活動の中で、自然に漢字を教え合うことで、個々の漢字力の向上につながるのではないかと考えます。
　単純に漢字を書く力だけにスポットを当てるなら、「最後にこの範囲の漢字について書き取りテストをするので、全員が〜点以上とれるように勉強してください」という課題を与えます。ほとんどは黙々と練習をすると思いますが、全員の達成を強く意識した集団は、漢字を苦手とする生徒に対して何らかのサポートをします。それは、励ますことだったり、事前テストをしてあげることだったり、形はさまざまだと思いま

す。このように自分たちで工夫しながら課題を解決しようとする過程こそ、アクティブ・ラーニングでは大切にされるべきだと思います。

＼ 語句の学習は「活用」がポイント ／

　たとえば、「矛盾」という言葉で学習課題を作るとします。「矛盾」という言葉を正しく理解し、生活の中で使いこなすことをゴールにしたとき、どんな課題が考えられるでしょうか。

　ただ単に「意味を説明しなさい」では、辞書的な意味、つまり「つじつまが合わないこと」で終わってしまいます。そこで、私は「矛盾していることの例を挙げよう」と聞きました。すぐに、生徒同士による議論が始まり、なかなか楽しい時間となりました。

＼ 一人で悩むから文法は難しくなる ／

　文節の係り受けや、用言の活用、品詞の分類など、文法はいつも生徒たちを悩ませます。悩むのは教員も同じで、「どう説明すれば伝わるのだろうか？」と常に苦慮しています。

　しかし、その教員の説明がいかに工夫されていたとしても、全員にベストな説明としてフィットするはずはないのです。教員の巧みな説明より、生徒から発せられたちょっとした一言のほうが優れた説明になることだってあります。

　文法ではいかに多様な説明が教室を飛び交うかが大切です。そして、課題はシンプルに、「この問題を全員がわかるようにしよう」でいいのです。

（原徳兆）

STEP 8 指導案と授業の実例①
話す・聞く
友達を紹介する

＼ 第1学年「友達をみんなに紹介しよう」（3時間）／

●教材の目標
相手の話を正しく聞き取り、その内容を他の人にわかりやすく伝えることができる。

●授業の計画
1時間目
「中学生になったと実感すること」についてペアで質問し合い、メモを作成する。
2時間目
メモをもとに文章を書く。
3時間目
書いた文章を発表し合う。

●1時間目の進め方
これは、中学校に入学して間もない頃の授業です。内容そのものは、とてもオーソドックスなのですが、思い切って生徒たちに任せてみました。まず、今日の学習の進め方を提示しました。

①ペアをつくる（人数が合わないときは3人グループでもよい）
②質問し合う

③聞き取ったことをメモにまとめる

やるべき活動はとても単純なので、難しいことはありません。そして、「この手順で学習を進めて、授業が終わる5分前までに全員が文章を完成させるようにしましょう」とだけ告げてスタートしました。

● **生徒たちの動き**

①のペアづくりはスムーズに行えました。「誰とでも一緒に勉強できたほうが得をする」ということを繰り返し話してきたので、あまりこだわりなく動けたようです。

②の質問し合う場面では、「実感することは何ですか？」とは質問できても、次に何を聞けばよいか困っている生徒もいました。そこで、「教科書にも書いてあるし、他の人に聞いてもいいですよ」と話しました。すると、他のグループの質問の様子を見に行ったり、グループ同士が一緒になって学習を進めるなど、生徒たちからの動きが見られました。

聞き取ったメモの例

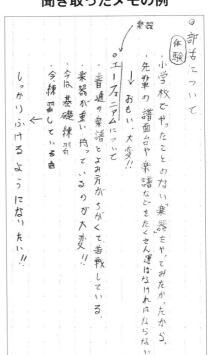

● **こんなことに気をつけよう**

任せたときの生徒たちの動きは、往々にして教員の意に沿わないものです。そんなとき、ついつい口を出したくなりますが、そこは我慢します。生徒たちの思うとおりに……が、基本的なスタンスです。

（原徳兆）

STEP 9 指導案と授業の実例②
話す・聞く わかりやすく説明する

＼ 第1学年「わかりやすく説明しよう」(3時間) ／

●教材の目標

「私のお気に入り」について、説明する観点を決めて情報を整理し、相手に伝わるように話す。

●授業の計画

1時間目
　オープン・クエスチョンの練習を行う。
2時間目
　ペアでオープン・クエスチョンを行い、「私のお気に入り」についての情報を集め、説明できるように整理する(原稿やメモを作る)。
3時間目
　説明会を行う。

●オープン・クエスチョンをやってみよう！

　オープン・クエスチョンとは、相手の情報を上手に引き出してあげるための質問の仕方です。たとえば、相手が話したことについて、「どんな感じですか？」とか「もっと詳しく教えてください」と質問します。質問される生徒は、これに答えていくことで自然に自分を深く振り返ることになっていきます。なお、このオープン・クエスチョンについては、「よくわかる学級ファシリテーション①かかわりスキル編」(解放出版社)

を参考にしました。

　1時間目は、ペアでオープン・クエスチョンの練習を行いました。あるペアは、こんなふうに話していました。

> ◇初めての定期テストについて
> 生徒A「どんな感じでしたか？」
> 生徒B「どんな問題がでるのかわからなくて、とても緊張しました」
> 生徒A「もう少し詳しく教えてください」
> 生徒B「もし解けなかったらどうしよう！　と心配していました」
> 生徒A「何かエピソードはありますか？」
> 生徒B「見直しが終わった後、やることがなくて困っちゃいました」
> 生徒A「みんなに一言お願いします」
> 生徒B「ケアレスミスには気をつけましょう」

　生徒Aが話す言葉は、始めから決まっています。それに対して生徒Bは、自分を振り返りながら、答えるべき内容を探すのです。

●こんなことに気をつけよう

　今回用いたオープン・クエスチョンという方法は、生徒が学んでいく上でとても役に立つツールです。アクティブ・ラーニングでは、このようなツールを用いることで、より学びが活性化します。

　ただ、そのツールを用いることそのものが目的とならないようにしなければなりません。オープン・クエスチョンにこだわるのは、「相手の情報を引き出す」ためです。ですから、どれだけ情報が引き出せたかについて評価していきます。

（原徳兆）

STEP 10 指導案と授業の実例③ 話す・聞く スピーチのネタを探そう

＼ 第1学年　スピーチをする（3時間）／

●教材の目標
　30秒スピーチをして、自分の思いや考えをわかりやすく伝える際に必要なことを知る。

●指導計画は？
1時間目
　原稿を考える。
2時間目
　内容を暗記して、話し方をお互いにチェックする。
3時間目
　クラス全員の前で発表する。

●1時間目の様子
　スピーチや作文で、もっとも時間がかかるのは「題材選び」だと思います。そこで、1時間目は「全員が時間内にスピーチのネタを決める」を目標にしました。自分が話そうと思っている内容のあらすじをクラスメイトに簡単に説明し、3人以上に興味を持ってもらえたら、原稿にとりかかるように話しました。

　黒板には「ネタが決定しました」という第1段階の枠と、「原稿を書き終えました」という第2段階の枠を書きました。1時間目の終わりま

でに全員のネームプレートが1つ目の枠に移すことができれば、目標達成としました。

　スピーチで話したいことが見つからない生徒の周りに人が集まってきます。中には、小学校からずっと一緒という付き合いの長い仲間がいるので、相手のことをよく知っています。

　「ほら、あなたのお兄ちゃんがこの前〜っていう出来事があったでしょ？」「でも勝手にお兄ちゃんのことをみんなの前で話したら、お兄ちゃん怒るかも」「じゃあこの前、部活のときに……」「ああ、それね……（詳しく話し始める）」「その話をスピーチの原稿にしたら？」

　誰もが、人に話せる題材を持ってはいるのですが、自分の中に埋もれているネタを自分で掘り起こせる生徒と、見つけられない生徒がいるようです。付き合いの長い仲間や普段からよく会話している仲間は、割と簡単にそのネタを掘り出してくれます。話したいことが決まると、原稿書きはそんなに時間がかかりません。

● 2時間目の様子

　2時間目は「内容を暗記して、3人以上から合格のサインをもらう」活動です。この時間は「次の時間が本番になるので、厳しくチェックする。そう簡単に合格させないように」ということを注意事項として話しました。

　「話すのが速いよ」「もじもじして、制服のすそをさわりながら話しているから、直して」など容赦ない指摘が飛び交います。

● こんなことに気をつけよう

　クラス全員の前での発表ということで、3時間目の生徒はガチガチに緊張していました。しかし、「スピーチをやってとても緊張した」という感想だけで終わってしまっては、この教材の目標を達成したとは言えません。自分の話し方を自分で振り返らせる時間も設けました。

（菊池真樹子）

STEP 11 指導案と授業の実例④ 話す・聞く 記者会見型スピーチ

\ 第３学年「記者会見型スピーチをしよう」（３時間） /

● **教材の目標**
場の状況や相手の様子に応じて、相手に適切に伝わるように話す。

● **指導の計画**
１時間目
　「記者会見」の特徴について話し合う。
２時間目
　記者会見の原稿を作成する。
３時間目
　記者会見を行う。

● **「ごっこ遊び」というアクティブ・ラーニング**

　きっとあなたも、小さい頃「ごっこ遊び」をしたことがあると思います。私も、よく仮面ライダーごっこをしていました。仲間で集まって、配役を決め、設定の共通理解を図った上で、ストーリーを作っていく。そして、実際に演じながら、その都度だめ出しをし合います。こうして完成度を高めていき、みんなで楽しむ！　という目的を達成していく……。考えようによっては、これはまさにアクティブ・ラーニングだと言えます。

　この学習で行う「記者会見型スピーチ」にも、そういう「ごっこ遊び」

の要素が含まれています。普通の人が、記者会見に臨むことなどまずあり得ません。いわば非日常の世界です。だからこそ、自由に伸び伸びと、そしてアクティブに学習ができます。

● **みんなで「記者会見」という場をつくる**

まず小グループをつくり、次のような役割を分担させます。

> 司会者　　話し手　　聞き手（記者）

そして、記者会見の台本を作っていきます。ここで大切にすることは、その記者会見を見ている一般聴衆の存在を意識することです。「自分たちの中だけの会話にしないでね」と繰り返し念押ししました。

● **生徒たちの様子**

あるグループは、「合唱練習用CDの作成が遅れたことの謝罪会見」を行いました。誠意が伝わるようにと、言葉を選びながら謝罪する生徒。執拗に追究する記者役の生徒。事態を混乱させないように奮闘する司会者。

マイクにはテレビ局の名前のプレートを貼りつけたりなど、生徒なりにリアルさも追究し、いつしか台本にないアドリブも入り、本物の記者会見のようになっていきました。

● **こんなことに気をつけよう**

このような遊びのある学習の場合、何を学んだかという振り返りが大切になります。学習のねらいを明確に提示しておきましょう。

（原徳兆）

STEP 12 指導案と授業の実例⑤ 読む 「読むこと」の応用としての作文

＼ 第1学年「シカの『落ち穂拾い』」（読む：4時間　書く：1時間） ／

●教材の目標
示されている事実と、筆者の考えとの関係を読み取る。
筆者の考えの述べ方や、図表の役割について自分の考えを持つ。

●発展学習としての「書くこと」の目標
本文で学習したことを生かして、住んでいる地域の人口推計のグラフを読み取り、自分なりの考察を文章にまとめる。

●手立ては？
まず各自で書き始め、書き終わった生徒同士で読み比べたり、書けない生徒の支援に回ったりします。

グラフから読み取ったことを縦書きにするので、小数点のある数字（何パーセントなど）の書き方は前もって指導します。

グラフと作文の条件が一枚にまとまったワークシートは書き直したい生徒のために多めに用意します。

●評価規準は？
人口推計のグラフから読み取れる事実と、自分なりの考察を文章に書いている。

実際に配ったワークシート

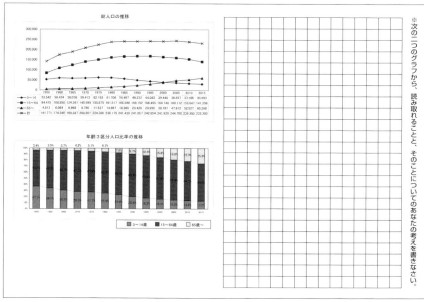

グラフ出典：青森県八戸市ホームページより
https://www.city.hachinohe.aomori.jp/index.cfm/12,19725,c,html/19725/1jinko.pdf

● こんなことに気をつけよう

　本文で学習したことの発展学習なので、作文として美しく完成させることより、図表と文章を関連させる力を重視することを伝えました。

　時間内に全員が書き終えるために、直したり削ったりする場合は、マス目を無視してもよいことを最初に話しました。

　どうしても書けないクラスの仲間に対して、「グラフから読み取ったことは、誰かの作文を丸写ししてもいいのでは？　後半に自分のオリジナルの意見が書ければいいと思う」という提案をしてくれた生徒がいました。「自分なりの考察を書く」が目標ですので、私はとてもいい提案だと思いました。

※『国語1』（光村図書、平成28年度版）

（菊池真樹子）

STEP 13 指導案と授業の実例⑥ 読む 読み取りが分かれることで議論が活発に

＼ 第1学年 「星の花が降るころに」（5時間）※ ／

● 教材の目標

　文脈の中で使われている語句の意味を捉え、情景を想像して読む。登場人物の気持ちや行動、場面の展開や描写に着目して読み、自分の考えをもつ。

● 教材の魅力

　この物語は、中学生に大変人気があります。「小学校のときは仲がよかったのに、中学校でクラスが離ればなれとなり次第に疎遠になった友だちがいる」という主人公の設定に共感を覚えるようです。「自分と同じ状況なので、びっくりしました」という意見が最初の感想でよく見られます。

　しかし、あらすじだけ追っていてはこの物語の魅力に気づいていないことになります。たった8ページの文章ですが、主人公の気持ちは揺れ動き続けます。情景描写が効果的に使われていて、そこから主人公の気持ちの変化を読み取れたかどうかで、この作品を「読めた」と言えるかが決まります。

● 2時間目の学習活動

　2時間目の学習課題を次のように設定しました。

> 『私』が夏実に話しかける前と後の、それぞれの気持ちがもっとも伝わる描写を抜き出し、そこから読み取れる『私』の気持ちをそれぞれノートに3行以上で説明する。

●授業の流れ

1　話しかける前の気持ちが最も伝わる描写を抜き出し、そこから読み取れる気持ちをノートに書く。
2　教師に見せてOKをもらう。OKをもらった生徒は、黒板の1つ目の枠内にネームプレートを貼る。
3　話しかけた後の気持ちが最も伝わる描写を抜き出し、そこから読み取れる気持ちをノートに書く。
4　クラスメイトに見せて、3人以上からOKのサインをもらう。3人分のOKをもらったら、黒板の2つ目の枠にネームプレートを動かす。
5　時間内にクラス全員が「前」と「後」の気持ちをノートに書くことができるよう、クラス全体を見て自分ができることをする。

●こんなところに気をつけよう

　チェックの1回目を教師が行ったのは、1つ目の課題は答えが明確で、答えが分かれることはないと判断したからです。つまり簡単な部分は教師が担当するのです。

　それに対して2つ目の課題は抜き出す描写の候補はいくつかあり、実際に意見が真っ二つに分かれました。答えがなかなか1つにまとまらないことで、議論は大変活発になり、自分の意見がいかに正しいかを説明するために、生徒は既習事項を総動員して相手の説得にかかりました。

　初めから正しい答えにたどり着くより、時には間違ったルートをたどってゴールに着いたほうが読む力を養うのではないかと考えています。

※『国語1』（光村図書、平成28年度版）

（菊池真樹子）

STEP 14 指導案と授業の実例⑦
読む
図を用いて文章を理解する

\ 第1学年「ダイコンは大きな根？」(4時間) /

● 教材の目標

　段落の役割に着目しながら、事実と意見を読み分け、文章の内容を捉える。

　筆者の説明のしかたの工夫について考える。

● 指導計画は？

1時間目

　「問い」の段落と「答え」の段落を探し、要点をノートにまとめる。

2、3時間目

　2つ目の問いに対する答えの説明をわかりやすくするための図をグループで作成する。

4時間目

　もっともわかりやすい図を、理由をはっきりさせて選ぶ。

● 手立ては？

　「各自のアイディアを生かして、グループで時間内に図を完成させよう」と伝えます。

　色鉛筆は生徒に各自で用意してもらいます。あとは図を描く紙（私は八つ切りの白い画用紙を使用しました）、マーカーのセットをグループの数の分と国語辞典を教室に置きます。

● **評価規準は？**

　もっともわかりやすい図を選び、その図を選んだ理由を説明することができる。

● **こんなことに気をつけよう**

　絵を描く作業を喜ぶ生徒は多くいます。ただし、きれいな絵や図を描くことに夢中になってしまいがちです。国語という教科を学習していること、「文章の内容を理解するのに役立つ図を書くことが大切である」と繰り返し強調して伝えます。

　また、間違った段落を選び、そこを図にするグループもあります。教材全体のゴールは「もっともわかりやすい図を選び、その理由を説明する」としました。決して「わかりやすい図を作成する」ではありません。

　実際に私が授業をしたときは、明らかに間違った段落を選び、そこを説明する図を作成したグループがありました。しかし、私はそのグループに対して何も言わず、そのまま作業を進めさせました。

　この文章には2つの問いがあり、それぞれに答えが書かれているという構成です。2つ目の問いの答えは、3つの段落に書かれてあります。したがって、3つの段落の内容をまとめた図がわかりやすいものになります。

　4時間目に各グループの図を見比べたときに、間違った段落を選んだグループは、なぜ自分たちの選んだ段落が間違っていたのか、すぐに気づきました。「みんなの前で恥をかかせたくない」という思いもありますが、こうした気づきのほうが生徒の深い理解につながるのではないかと思います。

※『国語1』（光村図書、平成28年度版）

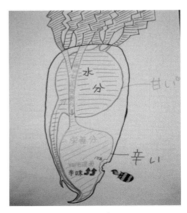

（菊池真樹子）

STEP 15 指導案と授業の実例⑧ 読む 表現技法を覚えよう

＼ 第1学年 「さまざまな表現技法」 ／

●本時の目標

文章中から「体言止め」「倒置」「直喩」「隠喩」を使って表現している部分を探し、全員がワークシートにまとめることで、表現技法の名称と特徴を覚えることができる。

●手立ては？

平成24年度～27年度使用の教科書『国語1』(光村図書) に「にじの見える橋」(作：杉みき子) という物語文が掲載されていました。短い文章の中にさまざまな表現技法がちりばめられていて、表現技法を学ぶのに、うってつけの文章でした。

1　課題の提示。「文章中から『体言止め』『倒置』『直喩』『隠喩』を使って表現している部分を探し、全員がワークシートにまとめる」
2　用語に読み仮名をふる。
3　「この用語が何なのかは、説明しません。でも今の時間の課題にしたということは、みなさんが持っているもので課題をクリアできるはずです。何を頼りにしたらいいでしょうね？」と伝える。

教科書に説明のページがありますが、何ページに書いているかは伝えません。探すことに慣れている生徒は、目次から役立ちそうなページを

見つけます。この課題は教科書があればできるものなので、他に用意するものは特にありません。

● **生徒の様子**

「教科書の○ページに用語の説明があるよ！」「言っても聞いていない人がいるから、○ページを見てって黒板に書こうよ」。課題が終わった生徒は、クラスのみんなが時間内に課題を達成するために、自分が何をすればいいのか、さまざまなアイディアを出してくれます。

この課題で一番難しいと思われるのは直喩と隠喩の区別です（漢字からして、もう難しそうですものね）。「『ように、ような』があるか、ないかだよ」「じゃあ、『ように』がついてないと、全部が『隠喩』なの？」「いや、そうじゃなくて『隠喩』っていうのが、たとえ表現だから、何かを表すために違うものにたとえてないと『隠喩』じゃないんだって」。自分がすでに理解したことを、まだ理解していない仲間に教えるときの生徒の表情は真剣です。

問題を解くときのコツをつかんだ生徒は、気づいたことを黒板に書いてくれます。自分が一人ひとりに教えて回るより、多くの人が見ることができるようにしたほうがいいと判断したからです。

● **こんなことに気をつけよう**

平成27年度の全国学力・学習状況調査中学校国語A問題の中の、体言止め・倒置・直喩・隠喩という表現技法に関する語が使われた問題の全国の正解率は6割に届きませんでした。生徒は具体的な表現とそれぞれの名称を結びつけて理解できなかったものと思われます。

この一度の授業でも、全員が表現技法を理解するのは到底、無理で、今後も積み重ねが必要ですが、少なくとも一斉指導の授業よりは、生徒の頭に残ると思います。

（菊池真樹子）

STEP 16 指導案と授業の実例⑨
読む
根拠と理由を明らかにする

\ 第2学年「短歌十二首」（5時間） /

● **単元の目標**

　短歌に描かれた情景や作者の気持ちを、歌に用いられた言葉から考える。

● **指導の計画**

1時間目〜3時間目
　短歌の言葉を根拠にして、論理的に解釈する。
4間目、5時間目
　短歌の創作をする。

● 「根拠」「理由」「解釈」

　この授業は、福島大学の佐藤佐敏氏の実践（『思考力を高める授業』佐藤佐敏、三省堂）をベースにしています。

　佐藤氏が提唱する読解法は、文学作品を「根拠」「理由」「解釈」というセットで読み取っていくというものです。この3つは、次のページにあるような関係性になっています。

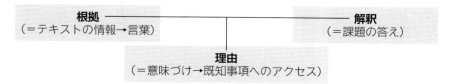

これは、「三角ロジック」と呼ばれる論理的思考のモデルですが、佐藤氏はこれを文章の読解に応用させました。つまり、「根拠」「理由」「解釈」のセットを複数挙げ、それらをクラスで共有しながら、もっとも適切な解釈をしていくという展開の授業です。

● 石川啄木「不来方のお城の草に寝ころびて空に吸はれし十五の心」
　この短歌について、次のような課題を設定します。
　◎この歌の季節はいつですか？「根拠」と「理由」を明らかにして説明してください。
　すると、生徒たちは自由な発想でいろいろ考えます。たとえば、

> 解釈 → 春
> 根拠 → 「草に寝ころびて」
> 理由 → 若草の頃が、寝ころんでいていちばん気持ちがいいと思う。

　でも、これだけで「春です」と言い切るわけにはいきません。もっと多様な「根拠」と「理由」が必要になってきます。
　アクティブ・ラーニングでは、生徒たちが自由に対話し、多様な「根拠」と「理由」を共有していきます。そして、自分がもっとも適切だと考える「納得解」につなげていくのです。
　この授業を通して生まれた、生徒による名言です。
　「いろいろな季節に解釈できるのが短歌のおもしろさ。それをあえて絞っていくのが授業のおもしろさ」

(原徳兆)

STEP 17 指導案と授業の実例⑩ 読む 比較して読む

＼ 第1学年「流氷と私たちの暮らし」(6時間) ／

●教材の目標
　文章の中心となる部分と、それを支える部分とを読み取り、筆者の考え方を捉える。

●指導の計画
1時間目
　流氷についてわかったこと(読み取れた情報)をまとめる。
2時間目、3時間目
　流氷と私たちの暮らしとの結びつきについて説明する。
4時間目
　筆者が伝えたかったことをまとめる。
5時間目、6時間目
　別の文章と読み比べをして、文章の意図の違いについて説明する。

●2つのテキストを読み比べる
　この文章は、青田昌秋氏による説明文です。
　実は、教材研究をする中で、私は同じ筆者による「流氷と私たちのくらし」という別の文書(https://www.chuden.co.jp/resource/corporate/news_62_N06203.pdf)に出会いました。
　2つを読み比べると、同じようなことを述べていながらも何か違いま

す。それなら、その違いを生徒たちに明らかにしてもらおう、というのが５時間目と６時間目の学習活動です。

　生徒たちは２つのテキストを読み比べ、共通点と相違点を洗い出していきます。そこから得られた情報を基に、文章の書かれた意図の違いについて探っていきます。これは、論理的な思考が要求される学習活動です。生徒たちは、苦戦しながらも熱心に取り組んでいました。

● **みんなとならできる！**
　この読み比べの課題は、生徒たちにとって難しい課題です。これを一人の力で解決しようとしても、なかなかできません。

　しかし、みんなと知恵を出し合うことで、少しずつ解決の糸口が見えてきます。

　「一人の力ではできなくても、みんなとならできる！」。そういう実感が、生徒たちの自信となり、次の学びへの意欲となっていきます。

● **これってアクティブ？**
　６時間目は、大部分の生徒が自分の考えたことを書くことに集中します。そして意見交換も、少なくなります。つまり、個別の学習になっていくのです。アクティブ・ラーニングというと、協働的な学習の姿を想像しますが、時には完全な個別学習となることがあります。その背後には、「必要ならいつでも話せる」という関係性が必要なのです。

（原徳兆）

STEP 18 指導案と授業の実例⑪ 書く 竹取物語新聞をつくる

＼ 第１学年「竹取物語新聞をつくる」（３時間）／

●教材の目標
集めた情報を整理し、わかりやすく伝えるために書き方を工夫する。

●指導の計画（古典学習の発展として実施）
１時間目
　新聞の書き方の特徴を知る。
２時間目、３時間目
　竹取物語新聞の作成

●竹取物語を新聞に！
　新聞作りはアクティブ・ラーニングに適しています。生徒たちの周りには多種多様な新聞が存在しており、イメージを共有しやすいからです。
　ここでは、前時まで行ってきた竹取物語の学習内容を情報とし、それを新聞として再編集していきました。現代的な新聞と古典文学というなんともミスマッチングなところも、おもしろさの一つだと思います。

●１時間目の内容
　最初は、実際の新聞の第１面を提示して、その特徴を捉えさせました。

このときは、

> 大見出し
> 小見出し
> リード
> 本　文

という新聞の構成要素の名称と役割について確認しました。とくにリードについては、5W1Hを押さえて書かれていることを意識するため、実際のリードから5W1Hを読み取っていきました。

生徒の作品

● こんなことに気をつけよう

　次の時間からは、前時に学んだ新聞の書き方を活用して、竹取物語新聞を作成していきます。「次の時間の終わりまでに、全員が新聞を完成させる」ことを確認したら、あとは生徒たちにお任せです。アクティブ・ラーニングが自分たちの中に定着すると、生徒たちは課題の解決に向けて自分たちでどんどん動けるようになります。

　アクティブ・ラーニングは、生徒たちから湧き出てくる学びの姿です。教師がいたずらに介入し操作することは避けたいものです。介入や操作が日常化すると、生徒たちも「そういうものなんだ」と理解します。

（原徳兆）

STEP 19 指導案と授業の実例⑫
書く みんなで添削、条件作文

＼ 第1学年　条件作文を書く　（1時間）／

● **教材の目標**

条件作文がどういうものなのかを知る。

● **「時間内に完成させる」ことが課題**

多くの地区の公立高校入試では200字程度の条件作文や課題作文が出題されます。私が勤務する県では、2つの段落からなる作文を150字以上200字以内で書く問題が例年出題されています。

初めて中1に条件作文を書かせる場合、早く書ける生徒でも15分から20分を要します。書くのが苦手な生徒は授業時間いっぱいかかっても書き終われないときもあります。

全員が書き終えるのを待っていると、教師が全員分添削して返却するのはどうしても次の授業時間になります。しかし、書いてすぐのものを添削して生徒に返すのが理想です。どこを直せばいいのかにすぐ気づいてもらうためです。

そこで、初めての条件作文にアクティブ・ラーニングで取り組むことにして、「全員が、時間内に条件に合った作文を完成させる」という課題を設定しました。

● **手立ては？**

1　課題の提示。

「全員が、時間内に条件に合った作文を完成させる」
（条件1） 第1段落には、2つの意見が出された話し合いの流れを読み、自分ならその後にどのような発言をするかを書く。
（条件2） 第2段落にはその理由を書く。
2　原稿用紙を配る。書き直し用の原稿用紙をたくさん置く。
3　書き終わった人は、3人以上に読んでもらい、OKであればサインをもらう。指摘を受けた箇所は、すぐに直す。
4　3人以上のサインをもらった生徒は、まだ作文を書けない仲間の手助けをする。

● **こんなことに気をつけよう**
　書いては消し、書いては消しの生徒は割といますから、200字原稿用紙を多めに用意して「消す時間がもったいないから、書き直したくなったら、新しい紙を持っていってね」と伝えます。
　時間が進むと、書き上げた生徒のほうが多くなってきます。自分は書き終わった。まだ書いていない仲間には、誰かがついているから自分は教えにいかなくてもいい。さてどうしよう……。「あら～、何もしていない人がいるね。余った時間をどんなふうに使ったら、作文の力がつくかな？」と比較的大きな声でアナウンスしてみました。
　「書き終わった人の作文を、黒板に貼っていって、みんなで読めばいいんじゃないかな？」「感想をその人に書いたり、伝えたりしてもいいよね」「あれ、この人ここの漢字が間違っている。メモしておこう」などさまざまなアイディアが出てきます。教師一人の添削より、クラスのたくさんの仲間からアドバイスしてもらえるほうが、書く力をつけることにつながるはずです。

　　　　　　　　　　　　　　　　　　　　　　　　　（菊池真樹子）

STEP 20 指導案と授業の実例⑬
文法
お互いに問題を出し合って覚えよう

＼ 第1学年　「言葉の単位」「文の組み立て」 ／

● **手立ては？**

（例1）単語に分ける学習（1時間）

1　「こんな感じで授業の最後に5問テストをするよ」という類似問題のプリントを配る。
2　類似問題の解答を何枚か教卓付近に置いておき、解き終わった生徒から前に来て、自分で丸つけをする。
3　解答を見て、なぜその答えになるのかわからないところを質問したり、教え合ったりする。
4　この時間の課題は「授業最後の5問テストでクラス全員が4点以上を取る」なので、そのために残りの時間を活用する。

　文法の学習では、教師がいくら口を酸っぱくして教えても、理解できない子には理解できません。しかし、文法をアクティブ・ラーニングの手法で学習すると、さまざまな説明をしてくれる生徒がたくさん出てくるので、一斉指導よりもはるかに定着を図ることができます。
　私は、文法の授業の際は、毎時間最後に小テストを行うようにしています。その小テストで「クラス全員が8割以上の点を取る」というように文法の時間の目標を設定しやすいからです。

（例2）　連体修飾語と連用修飾語の学習（1時間）

　このワークシートで問題を生徒が一人1枚作成して、提出。シャッフルして配付。問題作成者に丸つけと解説をしてもらうという活動を行いました。

● こんなことに気をつけよう

　授業の終わりに小テストを実施する場合、テストまでの時間を生徒がさまざまに過ごします。中には、小テストのためにはならない勉強をしている生徒もいます。「周りの人と自分のテスト対策の勉強を比べてごらん。どんな勉強が自分に合った小テスト対策になっているかな？」とアナウンスします。

　そのうち、たくさん練習問題を解いたほうがいいと大半の生徒は気づきますので、「誰か問題出して～」と、オリジナル問題を出題してくれる仲間を探します。

（菊池真樹子）

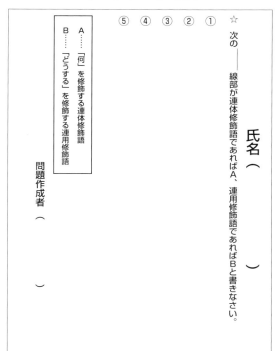

ワークシートの例

STEP 21 指導案と授業の実例⑭ 文法 「動詞の活用」を攻略する

\ 第2学年「動詞の活用」(4時間) /

● **教材の目標**

用言(とくに動詞)の活用について、その規則性を確認するとともに、それに伴う文法用語を正しく理解する。

● **文法学習の花形登場！**

「動詞の活用」は、国語の教員にとって言わば鬼門ではないでしょうか。「どうやったら、これを理解してもらえるか？」私もかなり悩んで、あれこれ工夫を重ねてきました。それでも、なかなかうまくいきません。それは、どんなに工夫したとしても、それがすべての生徒にフィットするとは限らないからです。

正直、私もこれが苦手でした。教育実習のとき、ベテランの先生に非常に丁寧で工夫のある授業を見せていただいたのですが、失礼ながら、理解できませんでした。私が、動詞の活用について何とか理解したのは、教職に就いてからです。では、どうやって理解したのか？ 何ということはありません。同じ国語科の先生と「これ、どうやって教えますか？」と相談をしているうちに、自然と理解できるようになりました。

● **文法こそアクティブ・ラーニングで**

私の授業では、右頁のような学習カードに従って学習を進めます。生徒たちは4時間連続のアクティブ・ラーニングを行います。私は、基本

学習カードの例

第二学年国語科学習カード		
◆用言の活用		2年　組　氏名

全体を通しての学習課題

用言（主に「動詞」）の活用について理解する 【言語】

時間	学 習 課 題	学 習 の 進 め 方
全4時間で学習を行う	①活用表を用いて、動詞を活用させることができる。	・活用表に記入する。
	②「活用形」について理解する。	・未然形 ・連用形 ・終止形　名称、主な続き方を覚え、 ・連体形　練習問題を解く。 ・仮定形 ・命令形
	③「活用の種類」について理解する	・五段活用 ・上一段活用 ・下一段活用　名称、見分け方を覚え、 ・カ行変格活用（カ変）　練習問題を解く。 ・サ行変格活用（サ変）
	④確認テストを行う。	・4時目のラスト15分で行う。 ・8割以上の正答率で合格。
自由記入欄		

的に何も教えません。その代わり、解説資料や練習問題をいくつか用意して、自由に取らせます。また、質問があった場合は、板書で解説をして全体で共有します。

● **こんなことに気をつけよう**

　最後の時間にテストを行い、8割以上の正解で合格としました。ここでのテストは、合格させるためのテストではなく、あくまでも、学びの定着を問うテストです。この意識の使い分けが難しいです。

（原徳兆）

STEP 22 指導案と授業の実例⑮ 文法
問題を解いてパターンを理解しよう

\ 第１学年 「文の組み立て」/

●**教材の目標**

　文節どうしの関係、連文節、文の組み立てについて整理した内容を理解する。

●**１時間目の授業の目標**

　全員が、文節どうしの関係の記号問題を解くことを通して、４つの関係の区別ができるようになる。

●**手立ては？**

1　練習問題の枠のあるプリントを配布する。

　「次の－線部の文節どうしは、後のどの関係にあるか、記号で答えなさい」（文を４つ書くスペースの後に選択肢）。

ア　主・述の関係	イ　修飾・被修飾の関係
ウ　接続の関係	エ　独立の関係

2　４種類の文を考えて書き、教師のチェックを受ける。
3　問題を作り終えた生徒から、お互いに問題を出し合い、口答で答える。
4　全問正解した場合は、問題作成者から「サインカード」というチェッ

ク表（下図のようなカード）にサインをもらう。
5　間違えた場合は、問題作成者に説明してもらう。
6　時間内に6人以上のサインをもらうことを目指す。

● **評価規準は？**

　4種類の文節同士の関係を区別することができる。

● **こんなことに気をつけよう**

　練習問題を正しく作れているかどうかを教師がチェックすることにしましたが、実際に授業をしてみて、間違ったままの問題でも、お互いに問題を出し合う中で気づくかもしれないと思いました。教師のチェックがなくなる分、生徒同士の活動の時間が増えるはずです。

　カードがあることで、ゲーム感覚になり、「とにかく早くサインを集めたい」「6人分集めるのが目標だけど、枠が10個あるからもっとサインをもらいたい」と本来の目標を忘れてしまう生徒が結構出てきます。「自分のことだけに夢中になっていないかな？」「今日の目標を『全員が』達成するためには、サイン集めだけをしていていいのかな？」と呼びかけて、理解があやふやな仲間に気づくよう呼びかけます。

（菊池真樹子）

STEP 23 指導案と授業の実例⑯ 書写 行書の基本を身につける

＼ 第1学年　書き初め　（4時間）／

●教材の目標

行書の特徴を確かめて書く。

●1時間目は「字の研究」

多くの場合、最初の1時間では教員が字の書き方を説明します。そして、各自が練習に入っていくという流れです。

この、教員が説明していた部分を生徒に研究してもらい、明らかにしていこうというのが、この授業です。教員は、何も教えません。そして、生徒たちは手本を見ながら、ひたすら考えます。

●本時の課題

手本を観察して「かご書き」と「骨書き」の手本を作り、字を書くときに注意することを説明することができます。

●「かご書き」と「骨書き」

右頁の例のように、線の輪郭を描いた「かご書き」の手本で、筆の動きを追ったものが「骨書き」の手本です。一般的な練習では、この手本の上に毛筆で書くことになります。そして、これらは教員が準備します。

本時では、この「かご書き」と「骨書き」を、字を研究し、注意点を

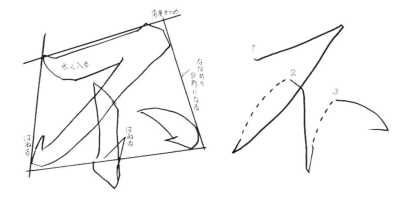

見いだすためのツールとしています。

「かご書き」からは、字形、筆遣い等について学ぶことができます。「骨書き」からは、筆順、運筆等について学ぶことができます。この作業をアクティブ・ラーニングで行うことで、生徒一人ひとりが、字を書く際のポイントを確実につかむことができます。

●**こんなことに気をつけよう**

行書では、筆順が重要になります。字によっては楷書と別の筆順になっている場合もあり、生徒にとっては難題です。しかし、手本から筆順を推理することは、とてもいい学習になります。大切にしたい部分です。

（原徳兆）

STEP 24 単元をまるごと任せる方法もある

＼ まず1単元分の課題を提示する ／

　アクティブ・ラーニングでは、課題の解決に向けての学習の進め方の大部分を生徒たちに任せていきます。ですから、1単元分の課題を最初に提示して、「これから〜時間で、これらの課題を解決してもらいます。全員が達成できるように全力で取り組みましょう。さあ、どうぞ」という方法でも、十分に成り立ちます。

＼ 単元をまるごと任せる意義 ／

　この方法は、生徒たちのアクティブ・ラーニングをぐっと進化させていきます。どんないいことがあるのか挙げていきます。

①学習の見通しが持てる。
②学習課題ごとの時間配分を自分でアレンジできる。
③学習課題に取り組む順番を自分でアレンジできる。
④生徒同士の関わり方が1時間ごとにリセットされにくく、継続的に変化していく。

　単元をまるごと任せられることで、生徒たちは「どうやって解決していくか？」を強く意識するようになります。それは「先生に言われたとおりに進める」学習とはまったく違います。ちょっと勇気がいることか

もしれませんが、取り組んでみる価値は十分にあります。

　単元をまるごと任せる場合は、これらの意義を生徒たちに説明しましょう。その上で、「君たちはできるはずだ」と背中を押します。生徒たちから「よし、頑張ろう！」という声があがったら、しめたものです。

単元をまるごと任せる授業の例

　私は、文法の学習のほとんどを生徒たちに任せてしまいます。最初にその単元で学習する項目を挙げ、それが説明されている教科書のページと副教材のページを示します。その他、補助資料、ワークシート等も印刷して配付します。その上で、「これから〜時間で、この単元の勉強をしていきます。そして、最後の時間に確認テストをします。全員が8割以上の点数が取れるように、みんなで取り組みましょう」と指示します。生徒同士で学び合うことを基本としますが、必要に応じて質問にも答えていきます。その際は、説明を板書して、教室全体で共有できるようにしていきます。

　また、一人ひとりの進行状況を、ワークシートや黒板を用いて可視化すれば、生徒たちにとって誰に聞くといいのかがわかり、アクティブ・ラーニングを進めていく上での手助けとなっていきます。

（原徳兆）

単元の見通しを生徒に伝えよう

行き当たりばったり

「先生、今日の国語は何をやるんですか？」

教員になってから、何度この言葉を聞いたことでしょう。「授業を楽しみにしているのだな」と肯定的に捉えることもできますが、それ以上に何をやるのかわからないという不安を生徒はもっているのかもしれません。

自分の頭の中にはぼんやりした単元の計画がありますが、その見通しを決して生徒に伝えずに授業をしてきました。いつも行き当たりばったりでした。

時間の無駄遣い

アクティブ・ラーニングを始めた頃によく起こることです。「課題を達成していない人がクラスにあと１人。その１人に残りのクラス全員２０人以上の人が集まる」という状況です。

そのうち、「1人を教えるのに、こんなに人がいても無駄だ」と気づく生徒が出てきます。そんな生徒がすることは、おしゃべりか宿題です。また、教えるふりをしてただその人のそばにいるだけの生徒も出てきます。これはあきらかに時間の無駄遣いです。

「おや？　自分は課題が終わったから、宿題をやっている人がいるよ。自分さえよければそれでいいのかな？」「教えるふりをして、ただその人のそばにいるだけの人がいるね。誰かの役に立っているのかな？」と半ば嫌みのアナウンスをしますが、これは明らかに教師の責任です。

次にやることがわかっていれば、生徒はすべきことに気づく

　単元の計画を単元の始めにプリントにして配布する、単元の流れを黒板の左側に掲示し、本時を矢印で示す。そういう取り組みをされている先生方を多く見てきました。おそらくそういう先生方は「今日は何をやるんですか？」と聞かれたことはないはずです。

　アクティブ・ラーニングで時間が余った、課題を終わっていない生徒もごく少数で自分は教えにいく必要がない、そういう時間を次時以降の予習に充てるのは有効な時間の使い方です。単元全体の計画がわかっていれば、生徒は予習をするでしょう。ところが私のように、行き当たりばったりの授業では、生徒に予習を望むことはできないのです。

　「明日の授業内容を自分は理解できるけど、クラスのみんなが理解できるようにするためには、もっと勉強しなければいけない」と夜遅くまで予習していた生徒の話を保護者の方から聞いたことがあります。残念ながら私が受け持っている教科ではなく、他教科の予習でした。最終的なゴールがわかっていれば、生徒はいくらでも時間を有効に使えるのでしょう。

ゴールを明確に

　私は行き先がわからないのに、ただ走れと言って走らせるような授業をこれまでしていました。「ここを目指しているんだよ、そのゴールにクラス全員が入れるように授業を作っていこう」と示すことができれば、生徒はそのためにありとあらゆる努力をするはずです。アクティブ・ラーニングに取り組んでみて、生徒に見通しを持たせることの大切さに改めて気づかされました。

（菊池真樹子）

これからの教師の
職能とは何か？

あ る日、学生さんに今後の学校の未来の姿を語りました。
成績上位層の保護者（医者や弁護士等）が礼儀正しく、「成績中位の子どもに合わせた授業では、我が子の学力保証ができない。ついては、先生の授業は邪魔しないので、こちらで用意したタブレット端末で勉強させてほしい」と校長と担任に申し入れるのです。

反転授業の行き着く先は、全転授業になります。私は学生に現状のネット上のコンテンツの実態を語り、近未来のコンテンツを語りました。

その時、どう返答したらいいかを聞きました。みんな黙ってしまいました。ある学生が「でも、一人でも許したら、誰も私の授業を聞いてくれなくなる」と言ったので、私は「それは、あなたの都合だよね。学校教育は教師のためにあるのではなく、子どものためにあるんだよ」と言うと黙ってしまいました。学生さんは重苦しい雰囲気になりました。

そこで、私は学生さんにこう言いました。

「タブレット端末にできるようなことはタブレット端末に任せればいい。所詮、ツールじゃないか。今の授業だって鉛筆を多くの時間使っている。教師が鉛筆を作って子どもに配付するなんてバカなことはしないよね。鉛筆が売っているなら、それを使えばいい。タブレット端末のほうが有効な部分は任せればいいんだよ。

じゃあ、教師は何をすればいいか。それはタブレット端末、また、タブレット端末に写っている教師にはできないことをすればいい。それは人の道を語ること。具体的にはクラスはチームであることを語ること。そして、子どもたちのやる気に火をともすこと。君たちの多くは経験済みだよ。それは部活だ。今後の教師は部活の顧問のような立場になるべきなんだよ」

（西川純）

CHAPTER
4

困ったときには?
アクティブ・ラーニングQ&A

Q1 授業や単元の目標をどう考える?

＼ 誰のための目標か？ ／

アクティブ・ラーニングでなくても、授業をつくっていくときは、1時間ごとの目標や単元の目標を設定します。それが、その授業を構成していく上での指針となるからです。しかし、多くの場合、それは教員が授業をするためのものになっています。

教員が主導する従来型の授業の場合、目標を明確に示さずとも、生徒を授業の流れにそって動かすことでその目標を達成することができました。しかし、アクティブ・ラーニングは、生徒たち自身が流れをつくって目標を達成させなければなりません。「自分たちの目標」として意識できるよう、生徒たちに明確に示していく必要があります。

教員のための目標から、生徒たちのための目標に転換していくことが求められます。

＼ 生徒たちの目標にするために ／

では、生徒たちの目標にするためには、どんなことに気をつければいいでしょうか。

まず、生徒たちが理解できる言葉を用いることが考えられます。「文脈中の言葉に注意して読む」とか「根拠を明らかにして書く」など、生徒によってははっきりと捉えられないかもしれません。実態に応じて言葉を工夫していく必要があるかもしれません。

しかし、もっと大切なことがあります。それは、授業の中で繰り返し投げかけるということです。
　アクティブ・ラーニングでも、授業中の生徒たちへの言葉かけをします。その中で、意図的に目標に触れていくのです。「一つひとつの言葉の意味にこだわっていこう」とか「その根拠は思いつかなかったなあ」など、目標に関係する言葉を積極的に生徒たちに投げかけます。そうすることで、学習目標が生徒たちに浸透し、自分たちの目標になっていきます。
　これは、教員自身が常に目標を意識することでもあります。ついつい、「ちゃんとやってるか？」などと言いたくなりますが、それを「根拠は見つかったか？」に変えるのです。これができるかどうかは、教員がどれだけ目標を意識しているかにかかっています。

板書について

　「目標は板書すべきか？」こういう疑問の声がときどき聞かれます。私は、どちらでもよいと思います。確かに、板書することで可視化されます。しかし、それと、生徒たちが意識することは別物なのです。
　「板書したのだから、全員が意識してくれるはずだ」と考えてしまうのは、それは教員の一方的な思い込みにすぎません。本当に生徒たちが意識しているかどうかは、授業の中でていねいに見取っていくしかないのです。板書は、それの補助となるさまざまな方法の一つなのです。

（原徳兆）

Q2 この教科でとくにできない子がいる。どうしたらいいの？

アクティブ・ラーニングは万能ではない

　担当するクラスには、おそらく極端に国語が不得意な生徒がいると思います。アクティブ・ラーニングは、そういう生徒に対してもしっかりと対応することができます。

　しかし、爆発的に成績をアップさせるような万能薬ではありません。（もちろん、爆発的にアップする生徒もいるかもしれませんが……）ただ、他の生徒との差を縮めていくことはできます。なぜなら、常に全員が課題を達成できることを目指して、さまざまな生徒がさまざまに関わり合いながら最大限の努力をしていくからです。

あの子がいるから全員達成ができない

　クラスに全員達成を求めると、陥りやすい誤解があります。それは、「あの子がいるから全員達成ができない」という考え方です。アクティブ・ラーニングでは、全員がチームとして協働しながら学習をしていきます。ですから、チームの一人も見捨ててはいけないというのが基本的な姿勢です。「あの子がいるから……」と考えてしまうのは、その子の排除につながりかねません。

　極端に不得意な生徒は、最後まで課題をクリアできず残ってしまうことが多いと思います。そのとき生徒たちの間に「あの子がいるから……」という空気を感じたのなら、しっかりと語る必要があります。

その子だけの問題にしない

たとえば、こんな風に語ります。

「この学習では、いつも全員達成を求めています。それは、みんなに本気になって勉強してほしいからです。今日は、全員達成ができませんでした。どうしてだと思いますか。もし、『達成できなかった人の努力不足』と思う心があったら、それは捨て去らなければいけません。もちろん、達成できなかった人は、これからも努力しなければなりません。でも、みんなも同じように全員達成を目指して努力していきましょう。誰かを見捨てるのは楽かもしれません。しかし、そういうチームになると、あなたが本当に苦しいときに見捨てられてしまうのです」

課題の出し方を工夫する

とはいっても、「見捨てるな」だけで押し通すと、クラスは苦しくなっていきます。そんなときは、課題の出し方を工夫するのも一つの方法です。

難易度の違う課題を与え、選択式で取り組ませたりするのもいいでしょう。ただ、安易に簡単な課題を与え、見せかけだけ「達成」させてはいけません。きちんとアクティブ・ラーニングを行い、「一人では難しくても、みんなでやれば達成できる」という実感につなげていきたいものです。

（原徳兆）

Q3 国語特有の気をつけた方がよいことは？

\「言語活動の充実」とは違う/

　現行の学習指導要領では、課題解決に必要な思考力、判断力、表現力を養うために、各教科における「言語活動の充実」の必要性が述べられています。その中でも、国語科は、その中核的な役割を担う教科として位置づけられ、発表、案内、報告、編集、鑑賞、批評などの具体的な言語活動例が示されました。

　このような背景から、国語科ではディスカッション、インタビュー、ディベートなどの他、日常的な生徒相互の意見交流など、さまざまな実践が行われてきました。その意味では、いわゆる「座学」とは一線を画しており、生徒が主体的に活動するというスタイルが定着していると言えます。

　これはアクティブ・ラーニングを実践していく上で、とても有効だと言えます。しかし、「アクティブ・ラーニング＝言語活動の充実」と捉えてしまい、「結局、何も変わらない」ことになる危険性をはらんでいるのも事実です。

　アクティブ・ラーニングでは、「（教員による一方向的な講義形式の教育とは異なり）学修者の能動的な学修への参加を取り入れる」ことが求められています。つまり、「どんな活動をするか」ではなく「どのように活動するか」が大切なのです。

　「言語活動の充実」では、「どんな活動をするか」にスポットが当てられています。一方、アクティブ・ラーニングでは「どのように活動する

か」にスポットが当てられています。そして、アクティブ・ラーニングが目指す「どのように」とは、生徒が自らの意志で、自らの方法を選択しながら活動していくことです。その区別をしっかり持つことが必要です。

「活動あって学びなし」

今度は、生徒の立場で考えてみましょう。「言語活動の充実」での国語の授業を経験した生徒たちは、とても活動的です。しかし、それは教員が敷いたレールの上を快走していただけかもしれません。

アクティブ・ラーニングでは、ゴールは示しますが、レールは敷きません。やみくもに動き回っても、ゴールしないことが往々にして出てくるのです。

「言語活動の充実」では、一生懸命に活動することを目指して頑張っていた生徒がいるかもしれません。そして、教員もそんな姿を評価していたかもしれません。

しかし、アクティブ・ラーニングでは、シンプルにゴールすることを目指します。生徒たちには、そこをはっきりと示さなければなりません。派手な活動を取り入れた授業を揶揄する言葉に、「活動あって学びなし」というものがありますが、アクティブ・ラーニングは、まさにそこからの脱却を求めたものだと言えます。

（原徳兆）

Q4 評価はどう考えたらいいのか？

目標と評価を一致させる

アクティブ・ラーニングは実にシンプルな構造です。

①教員が、目標とそれを達成するための課題を設定し、生徒に示す。
②生徒は、その目標を達成するため、自分たちの学習方法で課題を解決する。
③教員は、目標が達成されたかどうか評価し、生徒にフィードバックする。

この３つの段階を貫くのが目標です。評価においても、目標と一致させていくことが大切です。

当然のようですが、実際の授業では、目標と評価がちぐはぐになっていることがときどきあります。たとえば、「根拠を明らかにして説明する」という目標なのに、「適切な根拠を挙げることができたか」について評価したら、それはおかしいのです。

私も、このような入り口と出口が違う授業をしたことがあります。それが何となく成立してしまうのは、目標をきちんと示していなかったり、評価を適切にフィードバックしなかったりと、教員の意識の中だけで授業を動かしてしまうからです。これは、アクティブ・ラーニングとは真逆の授業だと言えます。

＼ アクティブかどうかは評価しない ／

　アクティブ・ラーニングでは、生徒たちの能動的な学習姿勢を求めます。どのように学習していくかは、生徒たちの判断に任せられるのですが、教員の立場からすると、いかにもアクティブな姿を期待しがちです。

　自分からどんどん動いて意見の交換をしたり、黒板に何やら書きながら説明している姿を見ると、「この子はできる！」と高評価したくなります。

　しかし、アクティブ・ラーニングでは、アクティブに取り組んでいるかどうかという観点で評価をしません。なぜなら、アクティブ・ラーニングは目的ではないからです。評価は、あくまでも目標の達成について行われなければなりません。

　もし、アクティブに活動することが評価の対象となれば、「課題の達成はさておき、まずは動こう」という意識になっていきます。悪くすれば、勉強しているふりがまかり通ることにもなります。いくらアクティブであっても、課題を達成できなければ意味がないのです。教員は、そのことをしっかり説明して、全員の達成に向けて学習の仕方を改善するように求めなければいけません。

＼ こんな場合も…… ／

　逆に、活動そのものが低調なのに目標が簡単に達成される場合もあります。そのときは、課題設定や評価方法に問題がなかったかを検討する必要があります。

（原徳兆）

Q5 生徒の説明が間違っていると気づいたときはどうしたらいい？

＼ 間違った説明に気づいたら？ ／

　生徒が他の人に教えているのをじっと聞いていると、たまに間違った説明をしていることに気づきます。そういうときはどうしたらいいでしょう？

　教師はどうしても自分が説明しなければと思ってしまうのです。しかし、集団の力を信じて、生徒に任せるのがいちばんです。

　人に教えるのが好きな人が教師になっていますから、生徒の間違いに気づいたら、直ちに訂正して正しく教えてあげたい！　と思います。しかし、我慢しましょう。その我慢が生徒自らの気づきにつながります。

＼ 集団の中で、誰かがきっと気づく ／

　ある生徒が間違った説明をしているとします。それは授業時間のどの段階のときでしょうか？　もし、アクティブ・ラーニングが始まって間もなくや、残り時間がまだあるときならば、心配は無用です。残りの時間で、さらに多くの生徒と意見を交換したり、ノートやプリントを見比べたりします。そうしているうちに、「え、これ間違っているんじゃない？」と指摘してくれる生徒が出てきます。

クラス全体にアナウンス

　しかし授業の終わりになっても、間違いに気づかない場合もないとは言えません。そういうときは「本当に合っているかな？　あなたに説明してくれた人の考えは本当に正しいかな？　あなたが友だちにした説明は正しかったかな？　疑ってごらん。」と全体にアナウンスします。

　また「あれ〜。間違ったまま作業を続けている人がクラスの中に6割もいるな〜」と少し大げさに騒いだりもします。それを聞いて生徒は大慌て。もう一度課題を見直すことになり、その中で多くの生徒が自分の間違いに気づきます。

　このときに、特定の生徒を見てアナウンスすることは避けます。あからさまに間違いを指摘された生徒は、傷ついて自信をなくします。人に教えようという意欲も失ってしまうでしょう。

間違いから得るものは生徒も教師も多い

　生徒が試行錯誤する過程で自らの力で身につけたことは、そう簡単に忘れないものだと思います。また、生徒の間違いのパターンは自分の教材研究につながります。その間違いを避けるためにどのような課題を設定すればいいのか、どのような手立てを用意しておけばいいのかを考えるようになります。

　「自分が教えたほうが生徒はよくわかる」という思い込みを捨てて、生徒に任せてみましょう。私たちが思っている以上に、生徒は力を発揮してクラスの仲間を引っ張っていってくれます。

（菊池真樹子）

Q6 その教科が苦手な生徒には、みんなと違う課題にしていいの？

＼ その科目が苦手な生徒には？ ／

　その教科が苦手な生徒が、どうしても時間内に課題をクリアできないときがあります。その生徒には違う課題をやらせたり、ハードルを下げたりした方がいいのか、悩む場合があります。しかし、こ場合も課題達成のためのアイディアを生徒が出してくれます。

　そのため、初めから、苦手な生徒のために別な課題を用意する必要はないと思います。「この生徒は苦手だからできないだろう」というのは教師側の判断であり、実際の授業では、クラスメイトの助けのおかげで課題をクリアできたということがよくあります。

　また、その人に合った課題にしてはどうか？　と生徒が提案してくれる場合もあります。

＼ 生徒からの提案 ／

　私が勤務する中学校の英語の先生から教えていただいた話です。ある時間の課題は「英文の暗唱」でした。英語が得意ではないAさんは暗唱以前に英文を音読できない状態でした。そこでクラスメイトが先生に「Aさんは暗唱ではなく、すらすら音読できたら今日はOKにしていいですか？」と尋ねに来たそうです。その先生が「あなたたちはそれでいいと思う？」と聞くと「いいと思います」という返答だったので、「音読できればOK」という課題でいいことにしたそうです。

このAさんに対する提案は、教師がハードルを下げることを指示したり、あらかじめ別な課題を用意したりするのとはまったく意味の違うことではないでしょうか。Aさんの現状を見て、時間内にAさんができることを精一杯頑張らせたいという思いからの提案です。Aさん本人も支える仲間も、あきらめずに課題に取り組むことができたそうです。

＼ 課題をクリアするための手助けを多めに ／

　その先生からはこんな話も教えていただきました。「英文をすらすら音読する」という課題のときです。その先生は教科書にカタカナで読みがなをふることをさせていませんでした。すると「Aさんには教科書に読みがなを書くことを特別にOKにしてほしい」と別の生徒がお願いに来たそうです。

　「○○さんだけ特別でずるい」という発想ではなく、「その仲間の現状に合わせてさまざまなアイディアを出せる集団はすばらしい」この2つの提案の話を聞いて、私はそう思いました。

　課題の全員達成はそう簡単にはできないものです。それでも生徒は「全員が達成することをあきらめない集団」を目指してアイディアを出して、試行錯誤します。「その教科が苦手な生徒はヒントや手助けが他の人より多い状態でもいい。今日の課題に対して、その人に合った課題は〜ではないか」という提案が生徒の側から出てくるのが理想ではないかと思います。

（菊池真樹子）

わからないときは「わからない」と言う勇気

全員のネームプレートを動かすことが目標?

　『学び合い』によるアクティブ・ラーニングでは課題達成状況を知るために、生徒の名前が書いているネームプレートをよく使用します。課題ができた生徒から、黒板にある枠内に自分の名前のシートを貼っていきます。枠内にクラス全員の名前が収まればその時間の目標が達成できたことになります。

　このネームプレートの移動がゲーム感覚のようになり、理解できたかどうかはさておき、制限時間内にネームプレートをとにかく全員分枠内に貼ることだけに躍起になる生徒が出てくるときがあります。そうすると「もうわかったことにして、この説明をノートに書き写して」「わかったでしょ。名前移していいよね」といった押しつけが見られるようになります。そんな場面があったときは、授業の最後に「マグネットシートを見ると、全員わかったことになっているけれど、本当にそうかな?」という話をします。

「わからない」と言った生徒を思いきり褒める

　CさんがDさんに一生懸命教えていました。教えてもらっていたDさんは説明が終わった後に、きょとんとした顔で答えました、「わかんない」と。

　私はすかさずDさんを褒めました。「よく言った! 本当はわかっていないのに、『わかった』と言ってしまっては力がつかない。だから『わからない』と正直に言えるのはとても大切なことだ」と伝えました。

　「でもさ、Cさんも一生懸命説明してくれたよね。Cさんにどんな言葉を伝えたら、この後の人間関係がうまくいくかな?」と尋ねると、Dさんは

Cさんに「教えてくれてどうもありがとう。あなたの説明で理解できなくてごめんね」と話しました。それを聞いたCさんは「誰か、私の代わりにDさんに説明してちょうだい」と笑顔で仲間に助けを求めに行きました。

　必死になって教えてくれる仲間に「わからない」と答えるのは、実は勇気のいることかもしれません。そう思うと、本当はわかっていないのに「相手に悪いから」という気持ちから「わかった」と言ってしまう生徒は少なくないのでは、と気づきました。

　「本当はわかっていないのに、わかったふりをするのはやめよう。それは自分のためにも、相手のためにもならない。自分の説明で相手が理解できないこともある。理解のしかたは人それぞれ違うのだから。わからないときには安心して『わからない』と言える関係、『わからない』と言われても落ち込んだり、腹を立てたりすることのない関係を作っていこう」その時間はそう伝えて終わりました。

心から「わかった！」と言えるために

　さてそのDさんですが、さらに違うクラスメイトに説明してもらいました。目をまんまるにして「わかった！」と叫びました。本当にわかっているかどうかは表情を見れば一目瞭然です。

　教師は生徒が学び合っていることに真剣に耳を傾け、アクティブ・ラーニングがその教科を苦手とする生徒のためになっているかどうかを確認することが大切であると教えられた授業でした。

（菊池真樹子）

我慢できなくて、割って入って説明してしまった

教師のほうが説明上手？

　アクティブ・ラーニングを始めた頃の失敗です。本時の目標を伝え、生徒が活動を始めます。その後に教師のすることは「観察」です。そうすると、さまざまなことに気づきます。「この生徒の説明は回りくどいな」「間違ったことを教えているのでは？」「この説明では、絶対にわからないだろうな」「説明に挙げている具体例がよくないな」「授業最後の確認テストのためにやっている勉強が的外れだな」

　ある日、とうとう見かねてクラスの仲間に一生懸命に教えている集団に、私が割って入って説明をしてしまったことがあります。「私ならわかりやすく教えられる！」という思い上がりがあったからです。

　しかし、残念ながら私の説明でも理解してもらうことはできませんでした。そして何より私が割って入ったことで、教える生徒も教わる生徒もやる気がなくなったことが、彼らの表情からはっきりと見て取れました。「プライドを傷つけてしまった……」と深く反省したものです。

生徒同士の力で満点を取ったＢさん

　反対に生徒同士のアクティブ・ラーニングの効果には驚かされます。ある時間の文法の学習のときのことです。アクティブ・ラーニングの課題を「接続する語句の『順接、逆接、並列・累加、対比・選択、説明・補足、転換』の６種類の働きを覚え、授業最後の確認テスト（６点満点）でクラス全員が満点を取る」と設定しました。国語の得意なＡさんは、ものの数分でそれらの特徴を理解し、すぐに自分の座席を離れ、国語の苦手なＢさんに付きっきりで教え始めました。「授業最後のテストで全員満点」と自分で目

標を設定したものの、「これだけ漢字の用語が並んでいては、覚えるのが困難な生徒がいるだろう」と予想していましたし、Bさんが満点を取るとは思っていませんでした。

ところが、Bさんは確認テストで満点を取ったのです！　そのときのAさん、Bさん2人の誇らしげな顔は今でもはっきりと覚えています。私がその時間に付きっきりで教えても、おそらくBさんに満点を取らせることはできなかったでしょう。どう説明すればBさんに理解してもらえるか、Bさんが理解できる文脈で説明する力は私よりもAさんのほうがはるかに上なのだと気づかされました。

わかるように説明したAさん、Aさんの説明を素直に聞いて確認テストで満点を取ったBさん。2人を思いきり褒めました。

生徒を尊敬する

「自分のほうが、生徒よりうまく教えられる。私のほうがわかりやすく説明できる」そんな考えは捨てることにしました。とくに文法など、理解の度合いに差が生じる単元では「指導者がもっといれば……」と悩んだ時期もありました。しかし、指導者は教室の中にたくさんいるのです。しかも、私よりもはるかに有能な指導者が。そんな生徒に甘えれば、教師は楽です。

教師は楽ができて、クラス全員が理解できて、自分が役に立ったと思える生徒がたくさんいて。みんなの幸せにつながります。生徒を尊敬して、生徒を信じて、生徒に任せることでアクティブ・ラーニングはうまく進みます。

（菊池真樹子）

評価はどうすれば いいのか

　アクティブ・ラーニングにおける評価はどのようにしたらいいのでしょうか？　という質問を比較的よく受けます。私の答えは「今のままで結構です」というものです。質問者は拍子抜けします。しかし、逆に「アクティブ・ラーニング特有の評価をしなければなりません」と私が言ったらどう思われますか？　おそらく「そんな大変なことは続けられない」と思うと思います。そうです。無理なことはしてはいけません。

　さらに言えば、アクティブ・ラーニング特有の評価、たとえば、「どれだけ周りの人と関わったか？」を評価すれば、おそらく子どもたち（とくにクラスをリードする子ども）は関わった「ふり」をするはずです。それは非生産的です。

　その代わりに今までどおりのテストの点数で「クラス」を評価してください。もし、クラスが協働的であるならばテストの「分布」の分散は小さくなります。クラスが主体的であるならばテストの平均点は高くなります。アクティブ・ラーニングでは「分布」に着目してください。

　テストの点数を上げるのは比較的簡単です。成績の中、もしくは中の下に合わせたドリル学習をテスト前に繰り返せば上がります。しかし、その場合は成績下位層の子どもは置き去りになります。そして、成績の分布はフタコブラクダになります。

　だから、点数分布を見ればそのクラスを評価することができます。それによって、一人ひとりの子どもの評価もできるのです。

（西川純）

読書ガイド

　『学び合い』によるアクティブ・ラーニングを本書では紹介しました。それについて理解を助ける本としては、**『すぐわかる！　できる！　アクティブ・ラーニング』（学陽書房）、『アクティブ・ラーニング入門』（明治図書）、『高校教師のためのアクティブ・ラーニング』（東洋館出版社）**があります。

　また、今後、生徒たちが生きなければならない社会の状況に関しては、**『2020年激変する大学受験！』（学陽書房）、『サバイバル　アクティブ・ラーニング入門』（明治図書）**をご覧ください。そして**『アクティブ・ラーニングによるキャリア教育入門』（東洋館出版社）**で対策してください。

　本書では『学び合い』自体の説明はP34に簡単に示しましたが、詳細は紙面の関係で割愛しました。『学び合い』の詳細を学ぶための書籍も用意されています。まず、『学び合い』の素晴らしさを学びたいならば**『クラスが元気になる！『学び合い』スタートブック』（学陽書房）**がお勧めです。『学び合い』のノウハウを全体的に理解したならば、**『クラスがうまくいく！『学び合い』ステップアップ』（学陽書房）**と、**『クラスと学校が幸せになる『学び合い』入門』（明治図書）**をご覧ください。さらに合同『学び合い』を知りたいならば**『学校が元気になる！『学び合い』ジャンプアップ』（学陽書房）**をご覧ください。

　生徒にそんなに任せたら遊ぶ子が出てくるのではないかと心配される方もおられると思います。当然です。たしかに初期にそのような生徒も出てきます。しかし、どのような言葉かけをすれば真面目になるかのノウハウも整理されています。そのような方は**『気になる子への言葉がけ入門』（明治図書）、『『学び合い』を成功させる教師の言葉かけ』（東洋館出版社）**をお読みください。手品のタネを明かせば当たり前のような考え方によって『学び合い』は構成されていることがわかっていただけると思います。『学び合い』では数十人、数百人の子どもを見取ることができ

ます。そのノウハウは『**子どもたちのことが奥の奥までわかる見取り入門**』（**明治図書**）をご覧ください。しかし、授業のレベルを高めるには課題づくりのテクニックが必要となります。それは『**子どもが夢中になる課題づくり入門**』、『**簡単で確実に伸びる学力向上テクニック入門**』（**いずれも明治図書**）に書きました。

　『学び合い』のノウハウはさまざまな場面でも有効です。

　特別支援教育で『学び合い』をするためには『**『学び合い』で「気になる子」のいるクラスがうまくいく！**』（**学陽書房**）、『**気になる子の指導に悩むあなたへ　学び合う特別支援教育**』、言語活動を活性化させるために『**理科だからできる本当の「言語活動」**』という本を用意しました（**いずれも東洋館出版社**）。また、ICTの『学び合い』に関しては『**子どもによる子どものためのICT活用入門**』（**明治図書**）を用意しました。

　また、信州大学の三崎隆先生の『**『学び合い』入門　これで、分からない子が誰もいなくなる！**』（**大学教育出版**）、『**『学び合い』カンタン課題づくり！**』（**学陽書房**）、『**これだけは知っておきたい『学び合い』の基礎・基本**』（**学事出版**）が出版されています。また、水落芳明先生、阿部隆幸先生の『**成功する『学び合い』はここが違う！**』、『**だから、この『学び合い』は成功する！**』（**いずれも学事出版**）があります。また、青木幹昌先生の『**成功する！『学び合い』授業の作り方**』（**明治図書**）があります。

　日本全国には『学び合い』の実践者がいます。そして、その人たちの会が開催されています。機会を設けて、生の実践を参観し、会に参加されることをお勧めします。

（西川純）

編著者紹介

シリーズ編集

西川 純 (にしかわ　じゅん)

1959年、東京生まれ。筑波大学教育研究科修了（教育学修士）。都立高校教諭を経て、上越教育大学にて研究の道に進み、2002年より上越教育大学教職大学院教授、博士（学校教育学）。臨床教科教育学会会長。全国に『学び合い』を広めるため、講演、執筆活動に活躍中。主な著書に『すぐわかる！できる！　アクティブ・ラーニング』、『2020年　激変する大学受験！』（いずれも学陽書房）、『高校教師のためのアクティブ・ラーニング』（東洋館出版社）、『アクティブ・ラーニング入門』（明治図書）ほか多数。（メールのアドレスは jun@iamjun.com です。真面目な方からの真面目なメールに対しては、誠意を込めて返答いたします。スカイプでつながることもOKです）

著者（50音順）

菊池 真樹子 (きくち　まきこ)

1972年青森県生まれ。大学卒業後、青森県公立中学校に教諭として勤務。
好きな仕事は学級通信を書くこと。

原 徳兆 (はら　のりあき)

1966年、福島県生まれ。
二松學舍大学文学部卒業後、福島県立公立中学校教諭として勤務、現在に至る。
2012年より『学び合い』の授業を行っている。
共著に『THE『学び合い』』（明治図書）などがある。

すぐ実践できる！
アクティブ・ラーニング
中学国語

2016年9月21日　初版発行
2017年3月13日　2刷発行

シリーズ編集	西川　純（にしかわ　じゅん）
著　者	菊池真樹子（きくちまきこ）・原　徳兆（はら　のりあき）
発行者	佐久間重嘉
発行所	学　陽　書　房

〒102-0072　東京都千代田区飯田橋1-9-3
営業部　　　　TEL 03-3261-1111／FAX 03-5211-3300
編集部　　　　TEL 03-3261-1112
　　　　　　　振替口座　00170-4-84240
　　　　　　　http://www.gakuyo.co.jp/

ブックデザイン／スタジオダンク　イラスト／大橋明子
DTP制作／越海辰夫　P5～8デザイン／岸博久（メルシング）
印刷／加藤文明社　製本／東京美術紙工

Ⓒ Jun Nishikawa 2016, Printed in Japan　ISBN 978-4-313-65320-7 C0037
乱丁・落丁本は、送料小社負担にてお取り替えいたします。
定価はカバーに表示してあります。